组织发展OD
出色HR如何做
战略和效能分析

任康磊◎著

人民邮电出版社

北 京

图书在版编目（CIP）数据

组织发展OD：出色HR如何做战略和效能分析 / 任康磊著. — 北京：人民邮电出版社，2025.2
ISBN 978-7-115-63642-3

Ⅰ．①组… Ⅱ．①任… Ⅲ．①人力资源管理 Ⅳ. ①F243

中国国家版本馆CIP数据核字(2024)第034045号

内 容 提 要

本书主要针对人力资源从业人员，讲解如何成为组织发展（OD）经理，如何履行OD职能，内容涵盖OD实战的各个方面，提供了大量做好OD经理需要掌握的方法论和各类表单、图形、工具、模型及实战案例，读者能够轻松上手，快速掌握成为优秀OD经理的方法。

本书案例丰富、模板齐全、实操性强、通俗易懂。本书共7章，具体包括OD基础知识、OD常用工具与方法论、组织机构、岗位管理、人才规划、组织文化和OD典型实战案例解析。

本书适合OD岗位及其他人力资源岗位从业人员，也适合组织中的非人力资源管理者，以及想要考取人力资源管理师及其他人力资源管理专业相关证书的学员等阅读。

◆ 著　　　　　任康磊
　　责任编辑　　恭竟平
　　责任印制　　周昇亮
◆ 人民邮电出版社出版发行　　北京市丰台区成寿寺路 11 号
　　邮编　100164　　电子邮件　315@ptpress.com.cn
　　网址　https://www.ptpress.com.cn
　　天津千鹤文化传播有限公司印刷
◆ 开本：700×1000　1/16
　　印张：11.5　　　　　　　　　2025 年 2 月第 1 版
　　字数：259 千字　　　　　　　2025 年 2 月天津第 1 次印刷

定价：69.80 元

读者服务热线：(010)81055296　印装质量热线：(010)81055316
反盗版热线：(010)81055315
广告经营许可证：京东市监广登字 20170147 号

如果把一个组织分为前台、中台和后台，则前台一般负责业务与运营，中台负责统筹与指挥，后台负责支持与服务。关于其对组织贡献的价值高低，一般为中台＞前台＞后台。

人力资源（Human Resources，HR）岗位在组织中会被归类为后台岗位。HR 岗位每天要从事大量事务性工作，于是很多 HR 从业人员在工作中郁郁寡欢，甚至一些身处管理层的 HR 从业人员也自暴自弃，觉得自己给组织贡献的价值低，相应的回报也不高。

实际上，HR 岗位并非天然给组织贡献的价值低，而是很多组织和 HR 从业人员没有意识到 HR 岗位该如何为组织创造价值。

著名的人力资源管理专家戴夫·乌尔里赫（Dave Ulrich）曾经提出过一个金字塔模型，这个金字塔模型是从整个组织经营发展的视角来看 HR 岗位如何为组织创造价值的，具体如图 0-1 所示。

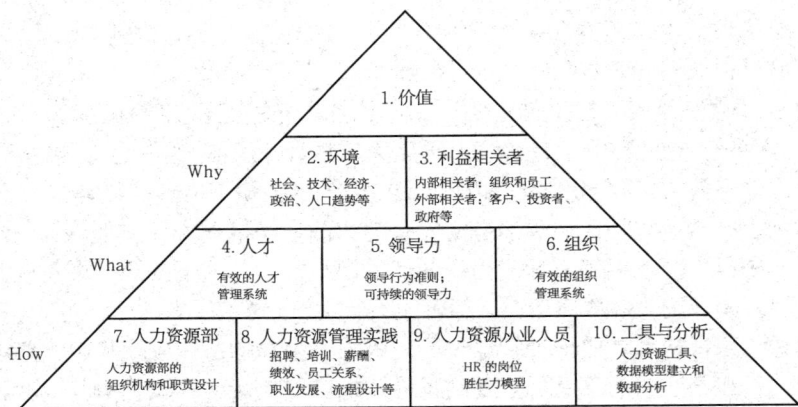

图 0-1　HR 岗位如何为组织创造价值

该金字塔模型分成 10 个部分。顶端的第 1 部分是指人力资源管理工作要为组织创造价值。这既是人力资源管理的原则，也是人力资源管理需要关注的过程；既是顶层的注意事项，也是把底层工作做好后将会收获的结果。如果要检验组织在第 1 部分有没有做好，我们可以审视组织的人力资源管理是否为组织持续创造价值。

要实现顶层的价值，其他 9 个部分可以分成 3 层。第 1 层是"为何做"（Why），包括第 2 部分环境和第 3 部分利益相关者；第 2 层是"做什么"（What），包括第 4 部分人才、第 5 部分领导力和第 6 部分组织；第 3 层是"怎么做"（How），包括第 7 部分人力资源部、第 8 部分人力资源管理实践、第 9 部分人力资源从业人员和第 10 部分工具与分析。

金字塔模型的第 2 部分环境指的是组织所处的环境，其中包括组织所处的社会环境、技术环境、经济环境、政治环境及相应的人口趋势等。HR 千万不要以为这些因素和自己没关系。HR 不仅应从组织内部由内向外创造价值，还应关注组织外部，由外向内创造价值，养成由外向内思考的思维习惯。

金字塔模型的第 3 部分是组织的利益相关者。这些利益相关者可能在组织内部，也可能在组织外部。从某种程度上来说，HR 不仅是服务于组织内部的员工，还服务于组织外部的客户和投资者等。因此，HR 不能只盯着内部员工，还必须了解组织的外部环境，关注组织外部利益相关者的情况。

金字塔模型的第 2 部分和第 3 部分都需要 HR 由外向内开展人力资源管理工作。HR 检验人力资源管理工作在金字塔模型第 2 部分和第 3 部分的质量时，可以问自己：能不能理解组织当前运作的具体环境？组织的人力资源管理工作有没有和外部利益相关者关联且紧密结合在一起？

金字塔模型第 4 部分、第 5 部分和第 6 部分针对的是组织的内部情况，它能告诉 HR 开展人力资源管理工作该"做什么"（What）。

金字塔模型的第 4 部分人才泛指组织中的一切人力资源，第 5 部分领导力泛指组织中一切宏观和微观的领导力，第 6 部分组织泛指组织中一切与组织管理相关的事项。

根据金字塔模型，HR 要想为组织创造价值，就要关注组织内人才的整体情况，关注组织层面顶层设计的情况，提升组织整体的领导力，连接人才和组织，从而使其与外部环境和利益相关者匹配并予以支撑。

在明确了"为何做"与"做什么"后，金字塔模型的第 7 部分、第 8 部分、第 9 部分和第 10 部分能够告诉 HR 应如何开展人力资源管理工作，也就是"怎么做"（How）。

第 7 部分是人力资源部的组织机构和职责设计，很多 HR 容易忽略这个环节。HR 有机会参与组织机构设计时，更多考虑的是整体的组织机构设计或部门 / 团队的组织机构设计，却很少思考如何设计人力资源部的组织机构。这就好比一个医生，常给别人看病，望、闻、问、切样样精通，却可能不会给自己看病。

每一种组织机构都对应一种管理逻辑，人力资源部的机构应该和组织整体的业务机构紧密结合在一起，而不是今天看到某种机构比较流行就跟风使用，或者看到一些大公司在用某种机构，就盲目跟着用。

第 8 部分是人力资源管理实践，包括招聘、培训、职业发展等，其中也包括了人力资源管理六大模块的实践。这里的人力资源管理实践既包括组织内部的实践，又包括组织外部的实践。

第 9 部分是人力资源从业人员。如果 HR 专业度低，那么是很难让人力资源管理理念和工作真正在组织中落地的，因此 HR 的岗位胜任力建设和发展也是组织中一项不可或缺的工作。

第 10 部分是工具与分析，包括人力资源工具、数据模型建立和数据分析。有人可能觉得这些工具是最重要的，但其实工具层面的问题对组织来说并不是最重要的。就像"道法器"，器确实很重要，但通常是搞清楚道和法之后才要关注的。搞清楚道和法，再用器的时候才会事半功倍。

在整个金字塔模型中，中间层的人才、组织和领导力起到承上启下的作用，既承接了上层的"为何做"，又为下层的"怎么做"提供依据。实际工作场合中，HR 在和业务部门管理者沟通交流时，也常常围绕人才、组织、领导力展开，如图 0-2 所示。

图 0-2　金字塔模型中间层

1. 人才

HR 和业务部门管理者常会讨论能不能为组织或团队找到合适的人才，能不能建立一套人才供应系统，能不能做好人才培养、人才保留和人才激励等工作。人才是组织或团队发展过程中永恒的话题。

2. 组织

HR 和业务部门管理者常会讨论一群优秀的人才如何才能更好地创造价值，如何才能更好地发挥人才的作用，如何把人才有序地组织在一起。关于组织的话题可能会涉及组织机构层面的问题、组织文化层面的问题以及组织能力层面的问题。

组织能力也关系到组织的创新能力、员工间协调合作的能力、员工的工作效率。要想发挥人才的价值，组织有时候还需要给予员工具体的身份和一些必要的权力。

3. 领导力

除人才和组织外，HR 和业务部门管理者的谈话内容通常是关于领导力的。除了管理者个人层面的领导力、下级管理者的领导力建设外，还会涉及组织层面的领导力。

基于要做好人才、组织和领导力层面相关工作的需求，人力资源管理实践中逐渐衍生出 3 种岗位——OD、TD、LD，被称为 HR3Ds。关于 HR3Ds 含义的主流观点有两种，本系列书尊重实务中的多数情况，对 HR3Ds 的含义明确如下。

（1）OD（Organizational Development，组织发展）

OD 的主要定位是确保组织能力能够满足战略需求，工作内容包括承接组织战略、构建组织体系、推动组织变化、实施组织诊断、进行绩效改进等。

（2）TD（Talent Development，人才发展）

TD 的主要定位是人才的管理与发展，侧重于构建人才管理体系，工作内容包括岗位管理、构建岗位胜任力模型、搭建职业资格发展体系、建设人才梯队、进行人才盘点与人才测评、制订继任者计划等。

（3）LD（Learning Development，学习发展）

LD 的主要定位是人才的学习和发展，侧重于提升人才能力，工作内容包括建设培训体系、设计培训项目、分析培训需求、评估培训效果、协助构建学习型组织等。

关于 LD 和 TD 的含义还有一种观点，即 LD 代表领导力发展（Leadership Development），其主要功能定位是所有管理者管理能力的培养和组织能力的提升。相应地，TD 依然为人才发展，但增加了人才学习发展的工作内容，包括建设培训体系、设计培训项目、分析培训需求、评估培训效果、协助构建学习型组织等。

相比之下，这种观点显然更能与金字塔模型中的人才、组织和领导力形成一一对应的关系，然而实务中却鲜有组织按照这种逻辑划分 HR3Ds。

原因可能是这样划分后，代表领导力发展的 LD 功能定位和工作内容范围较小，如果为此专门安排一个岗位，岗位从业人员的工作量不足；相应 TD 的功能定位和工作内容范围又较大，岗位从业人员的工作量太大，需要更多人从事该岗位，造成岗位设置不均。

虽然理论上 LD 和 TD 的定位是不同的，但实务中 LD 和 TD 的工作存在一定相似或重合的部分。二者经常需要相互配合，一起开展工作。一些组织也会直接把二者合并为一个岗位，统称为 LD 或 TD（多统称 TD）。

本系列书对 LD 和 TD 做了明确区分，将二者的功能定位和工作内容做了分割。但分割不代表割裂，因为二者都与人才的学习、成长、发展相关，二者实际从事工作时应该紧密配合、相互协作。

本书是 HR3Ds 系列书的其中一册，专门介绍 OD。前文已经介绍过 OD 的主要定位和工作内容，实务中常说的 OD 有两层含义，一层含义是岗位名称，另一层含义是人力资源从业人员的一种岗位职能。

本书中的 OD 不仅指岗位，也指人——所有拥有 OD 职能的人力资源从业人员，所以本书不仅适合 OD 岗位从业人员，也适合其他人力资源从业人员及组织中任何想要学习和了解组织发展与人力资源管理相关知识的人。

在笔者接触过的有 OD 概念的组织中，OD 的定位差异较大。每个组织根据自身情况对 OD 有不同的定位。就算在同一个组织中，随着组织发展、业务变化和认知迭代，OD 定位的变化也比较大。

有的组织虽然设置了 OD，但运行一段时间后发现其存在很尴尬，OD 被一些人说成可有可无的岗位。在这类组织中，OD 很苦闷，因为定位不清，工作成绩不好评定，也就很难评估自身的价值。

OD 究竟该如何定位？从业人员具体该做什么？从业人员应当掌握哪些技能？如何做好 OD 相关工作？如何通过 OD 工作为组织创造价值？

笔者基于自身从业经验，结合参与过的管理咨询项目和一些知名公司的管理方法，将 OD 相关的知识总结成工具、方法论和案例。希望通过阅读本书，读者能快速掌握做好 OD、提升组织效能的方法。

祝读者能够学以致用，更好地学习和工作。

本书若有不足之处，欢迎读者批评指正。

目录

1 **第1章**
OD 基础知识

2 第 2 章
OD 常用工具与方法论

3 第 3 章
组织机构

4 第4章 岗位管理

5 第 5 章
人才规划

6 第6章
组织文化

7 第7章
OD 典型实战案例解析

第1章

OD 基础知识

OD 在人力资源管理领域既可以代表人力资源从业人员的职责，又可以代表一种岗位。本书中的 OD 同时具备这两层含义。OD 通过在组织层面进行设计、诊断、改革、学习等一系列行动，提升组织效能，促进组织发展，从而帮助组织实现战略目标。

1.1 对 OD 的基本认知

OD 的主要定位是确保组织能力能够满足战略需求，工作内容包括承接组织战略、构建组织体系、推动组织变化、实施组织诊断、进行绩效改进等。合格的 OD 能够帮助组织提升效能，激发组织的活力。

1.1.1 存在价值：辅助高层提升组织效能

在很多组织中，人力资源管理者和组织高层管理者常常不具备相同的视野。

很多人力资源管理者对人力资源管理工作存在误解，认为人力资源管理工作就是做好人才的招募、选拔、培养、培训、保留、激励等工作，总之就是围绕着"人"开展的，关于怎么把人用好的工作。在这种认知之下，很多组织的人力资源管理者习惯时时刻刻围着"人"转。

例如有这样一个场景。

组织高层管理者说："我明年想做个新项目。"

人力资源管理者说："那看来我得抓紧时间招人了。您看，我该招什么样的人？应该招多少呢？"

这时候，谈话就有可能进行不下去了。很多人力资源管理者意识不到其中有什么问题。组织高层管理者想做事，人力资源管理者立即响应，有错吗？

表面看似乎没错，实际上有错。组织高层管理者想做事，人力资源管理者的第一步就是招人吗？其实不一定。做事和招人之间并不存在因果联系，但一些人力资源管理者却很容易习惯性地建立起这种联系。

很多人力资源管理者思考问题的逻辑通常是以人为先，这是人力资源管理者的工作职责所决定的。质量体系中的"人、机、料、法、环"五大因素中排第一的是"人"，企业管理的"人、财、事、物"四大因素中排第一的也是"人"，以人为先、以人为本、以人为始这些词似乎都在说明这一点。

可组织高层管理者往往是以事为先的。通常情况下，组织高层管理者思考问题的层次如图 1-1 所示。

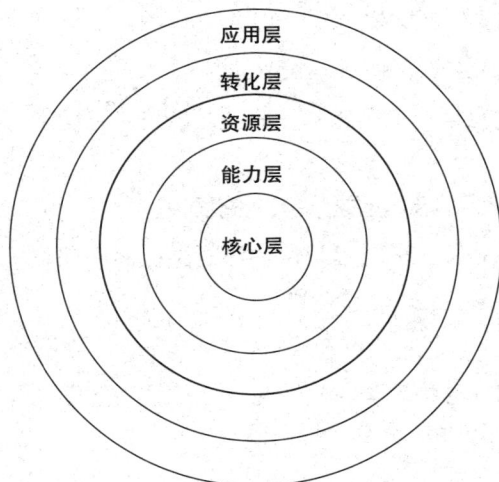

图 1-1 组织高层管理者思考问题的层次

组织高层管理者思考层次的第 1 层是核心层，含义是组织要做什么事；要完成这件事，组织要达成什么目标；通过达成这个目标，组织能得到什么。

第 2 层是能力层，含义是组织是否具备做成这件事的基本能力。

第 3 层是资源层，含义是要做成这件事，组织需要哪些资源，组织要去哪里找到这些资源，获得这些资源的难度有多大。

第 4 层是转化层，含义是组织现有的能力和资源之间能不能进行某种转化或替代，有没有可能降低资源获取的难度和成本，有没有可能提高完成这件事的概率。

第 5 层是应用层，含义是为了完成这件事，针对不同的能力和资源，组织应该如何管理它们，也就是很多人力资源管理者所在的"以人为先"的思考层次。

组织高层管理者和很多人力资源管理者之间，整整差了 4 个思考层次！

组织高层管理者是由内向外思考问题，而很多人力资源管理者则由外向内思考问题。这就是很多人力资源管理者跟不上组织高层管理者思维的原因，也是很多组织高层管理者对人力资源管理者不满意的原因之一。

人力资源管理者太容易关注具体工作，陷入人力资源管理模块，只看到单点，看不到组织层面的全局，不能帮助组织高层管理者在组织层面解决问题。这正是很多组织出现 OD 岗位或开始强调人力资源管理者 OD 职能的原因。

合格的 OD 不仅是一个合格的人力资源管理者，精通解决人力资源管理模块具体问题的方法论，而且拥有组织高层管理者般的视野，能够协助组织高层管理者在组织层面做出顶层设计、推进变化或做出管理决策，从而提升组织效能。

1.1.2 岗位职责：7 个维度助力组织发展

OD 需要承担哪些岗位职责呢？

不同组织对 OD 的定位有所不同，但不同组织对 OD 的定位呈现出一定的共性。

一般来说，OD 承担的岗位职责如下。

1. 确保组织能够满足外部商业环境的需要

OD 要帮助组织满足客户的需求，顺应技术的进步，缓解竞争的压力，符合法律法规的各项要求，等等。

2. 确保组织能够满足内部利益相关者的需要

OD 要帮助组织满足股东的利益追求，满足供应商的期望、员工的期望，确保组织内部稳定和健康成长。

3. 提高组织效率

OD 要根据组织的业务情况和战略特点，评估组织的整体运行效率，发现提高组织效率的关键，采取针对性的改善措施。

4. 实现组织战略

OD 要协助组织达成战略目标，帮助组织战略落地，根据组织战略和业务需要规划人力资源。

5. 设计组织机构和诊断组织问题

OD 要根据组织战略设计组织机构，设置岗位、角色、编制、职责、权限、流程、信息流转方式、人才激励方式等，定期诊断组织问题和人才状况，判断组织和人才相关设置的合理性和有效性，并持续做出改善和优化。

6. 构建和倡导组织文化

OD 是组织文化的建设者和推动者，要推动组织文化的建设，梳理组织文化，协助组织文化落地，引导人才做出符合组织价值观的行为。

7. 让人力资源管理在组织中有效落地

OD 要根据组织业务情况设计组织需要的人力资源管理体系，为组织设计人力资源管理的制度、流程等规则，保证高效的人才供给、培养、应用和保留。

总之，OD 的职责可以归结为三大类。

1. 管理好组织

OD 要让组织能力越来越强，组织效率越来越高，组织文化越来越有助于组织发展，从而提升组织的整体效能。

2. 管理好体系

OD 要让组织的管理体系适应组织发展，保证运行过程高效、灵活，满足组织的业务需要。

3. 管理好人才

OD 要关注组织的人才，引进、培育、发展、激励和留住人才，让人才能够满足组织的业务需要，让组织不会因为人才问题而在实现战略目标的道路上受限。

1.1.3　工作内容：4个模块实施组织管理

OD的工作内容如下。

1. 组织管理

组织并不能自然实现战略和目标，只有在一定状态下，组织才能以一定的能力达成组织目标。这个状态的维持需要OD实施组织管理。所谓组织管理，就是通过各种方式，让组织维持在最佳状态。

OD进行组织管理的具体工作内容如下。

（1）了解组织当前的发展阶段，对组织的过去、当前和未来实施梳理和规划，并实施必要的组织合并、取消、新设等工作。

（2）保证组织管理的规范性，制定组织管理相关制度，定义组织管理的标准，规范组织管理的相关流程。

（3）组织管理是一个动态变化的过程，OD在实施组织管理的过程中，要给组织设定明确的目标。

2. 组织诊断

组织并不都是健康的。很多时候，组织会面临各种各样的问题，这就需要有人及时诊断和发现组织的问题，及时帮助组织解决问题。组织就像大树，OD就像啄木鸟，要帮助大树找出蛀虫，并及时消灭蛀虫。

OD实施组织诊断的具体工作内容如下。

（1）定期实施组织的内外部环境分析、商业模式分析、经营业绩分析等组织经营层面的分析，掌握组织经营的客观状况。

（2）根据组织经营层面的分析，定期实施对组织规模、组织层级、组织方式、流程制度、信息传递、劳动效率等的诊断，判断其是否能满足组织需要。

（3）根据组织诊断结果，有目的、有计划地实施组织调整，并对这种调整做评估和监控。

3. 组织变化

变化是永恒的，不变只是相对的。基于外部环境的变化，组织也需要进行相应的调整和变化。然而实务中很多组织高层管理者对外部环境的变化不敏感，或对组织变化的迫切性认识不足，造成组织变化迟缓，跟不上环境需要。

OD推动组织变化的具体工作内容如下。

（1）感知外部环境的变化，为组织设计适应环境变化的方式，为组织适应环境变化提供相应的支持。

（2）协助LD和TD实施组织学习，提升组织成员的能力，让组织成员理解变化、拥抱变化，同时保证组织成员具备组织变化所需要的能力。

（3）最大化保障组织核心成员的利益，同时关注组织成员对变化的适应性，为组织成员创造变化的条件和提供变化的支持。

4. 组织文化

任何一个组织都有属于自己的文化，组织文化就像是组织的共同信仰，是组织的精气神。好的组织文化能促进组织发展，帮助组织形成强大的能力；不好的组织文化则不利于组织的长久健康发展。

OD 传播组织文化的具体工作内容如下。

（1）协助组织高层管理者提炼和总结组织文化。

（2）通过各种形式在组织内传播组织文化，帮助组织文化在组织中生根发芽。

（3）发现组织文化的问题，当组织文化不适应组织发展需要时，及时向组织高层管理者提出，并提炼和传播新的组织文化。

（4）协助组织选拔和培养符合组织文化要求的成员。

1.2　做好 OD 的条件

明确了 OD 的价值、职责和工作内容，对 OD 有了基本认知，并不能保证可以做好 OD 工作。要做好 OD 相关工作，需要明确 OD 的角色模型，扮演好相应的角色；需要明确 OD 的能力要求，培养自身的相关能力；需要掌握组织的业务情况，熟悉业务。

1.2.1　角色模型：OD 的 6 种角色类型

要把岗位工作做好，需要对岗位和自己扮演的角色有明确的认知。OD 也是如此，要做好相关工作，需要对 OD 应当扮演的角色有充分的认知。

1. 设计师

OD 可以是组织的设计师，也可以是组织机构的规划师。要扮演好设计师角色，OD 就要为组织的发展提供组织层面的支持。这种支持既可能包括组织机构的设计与调整，也可能包括组织内的协作方式、流程制度、行为规范等的调整。

2. 诊断者

OD 应当是组织问题的诊断者。

每个组织都有自己的"气场"，OD 既要具备敏感度和判断力，又要懂得"望闻问切"。所谓"望"，是要能够透过现象看本质；所谓"闻"，是要能够感受组织文化，"闻气味"；所谓"问"，是要随时沟通；所谓"切"，是要以小见大，切中要害。

OD 要及时感知团队状况，要能够判断团队的士气是否过于低落，是否需要振奋；也要能够判断团队士气是否"高烧不退"，是否需要"降温"。

3. 组织教练

OD 要担负起组织教练的角色，成为组织高层管理者的教练，帮助组织高层管理者避开经营管理过程中可能遇到的问题，引导组织高层管理者发现组织问题的症结。

OD 要清楚组织高层管理者在想什么，要学会上一个台阶看问题，把问题揪出来；要多方位多角度考虑问题，有全局观。

4. 专家

OD 既要是解决组织问题的专家，也要是人力资源管理工作的专家，如果同时还是业务方面的专家则更好。专家角色要求 OD 深入研究组织、人力资源管理和业务，要言之有物，能够切实解决组织问题，为组织创造价值。

5. 支持者

OD 要对业务部门形成支持，支持组织核心业务的发展。

OD 要为组织成员搭建舞台和沟通的渠道，让团队内部沟通顺畅，让一些冲突能够得到妥善的解决。OD 要懂得给"鲜花"，表达对组织成员的欣赏和鼓励；也要懂得给"拳头"，发现问题后不隐瞒，指出痛点和问题。

6. 协调者

OD 要协调组织和人才之间的关系，协调管理者和员工之间的关系，既要做出现阻力之后的润滑剂，又要做发生疏离之后的黏合剂。

1.2.2　能力要求：OD 的 5 项核心能力

OD 在组织中能否顺利开展工作，能否获得组织高层管理者和其他各级管理者的认可，能否帮助组织获得业务成功，很大程度上取决于 OD 在组织中话语权的大小。要想在组织中获得话语权，OD 的能力首先要达标。

OD 既要懂业务，又要懂战略，还要懂人力资源管理的相关知识技能，尤其是要掌握组织设计、组织诊断、组织发展等相关领域的一些工具和方法论。一个优秀的OD，应当具备 5 项核心能力。

1. 战略管理能力

OD 要能够对组织战略进行解读和管理，贴近战略的需求，了解行业、市场和技术的发展趋势，不仅能正确认识战略，而且能对战略的制定、提出、修改发表意见。

为此，OD 既要能够衔接前端，参与业务，懂业务，和业务部门站在一起；又要能够衔接后端，做组织战略实现的坚定支持者和推动者。

2. 推动变化能力

根据组织的需要，组织中随时都可能发生组织机构的调整、人员岗位的变动，随之而来的是组织内权力分配、责任分配和利益分配的变化。这些变化组织成员能否接受，变化能否顺利实现，都取决于 OD 推动变化能力的强弱。

对组织变化后可能呈现的状态，OD 要有清晰的认知。要想推动组织变化，OD 就要撬动一些重要资源，让这些资源满足推动组织变化的需要；还要获得组织成员的支持，尤其要获得一些有较大影响力的核心成员的支持。

3. 沟通协调能力

OD 需要与人打交道，需要做大量的沟通，可能存在内部沟通对象（上级、平级、下级）和外部沟通对象（合作机构）。

与其他岗位不同的是，OD 在沟通协调工作中更强调与组织高层管理者的对话，要能听懂组织高层管理者的需要，和组织高层管理者聊得来。这样才能获得组织高层管理者的信任，让组织高层管理者敞开心扉和自己沟通，才能了解到组织业务发展的最新情况，掌握组织动态。

沟通协调能力是一种有效倾听对方思想，有效表达本人观点，与对方达成共识并建立长期稳定合作关系的能力。这需要 OD 具备大局意识，懂得换位思考，具备团队意识。沟通协调能力能够促进个人与他人和谐共处，能够提高个人的工作效率，能够实现组织与个人的双赢。

4. 专业精深能力

OD 有专业能力的要求。人们平时常说的业务能力强的主要表现就是专业能力的精深程度高。专业能力强的人往往掌握更佳的方法，工作质量更高，更有可能为组织创造更大的价值。

专业能力代表着人们对专业的热爱、钻研与聚焦。专业能力指的是人们对自己的专业饱含热情、主动钻研，主动学习和提升专业能力，长期聚焦于自己的专业，精益求精，不断提升经验水平。

5. 问题解决能力

OD 要做好本岗位工作，不仅要保证在正常情况下处理好相关事项，还要保证在异常情况下及时处理各类突发状况。工作中可能会出现各类无法预料的问题，面对这些问题，OD 就需要具备问题解决能力。

问题解决能力指的是提前发现或预知问题的能力；或当问题出现时，客观理性地分析问题，发现问题的本质，找到问题的根源，运用自身的能力和当前的资源有效解决问题，且解决问题的过程中不会产生其他负面影响的能力。

1.2.3　掌握业务：关联业务的 3 个境界

优秀的 HR 要懂业务，优秀的 OD 更要懂业务，然而实务中很多组织的管理者抱怨 OD 不懂业务。因为不懂业务，很多 OD 对组织的诊断和做出来的方案成了纸上谈兵，并不能对推动组织发展起到积极正面的作用。

不懂业务，OD 就没有办法和业务部门进行有效对话，很容易出现走形式或肤浅的沟通。不懂业务，OD 就找不到业务部门的症结所在，不能给出促进业务发展和进步的方案，OD 的工作必然以失败告终。

什么叫懂业务？如何做到懂业务呢？

所谓懂业务，主要有 3 个境界。

1. 入门

懂业务的第 1 个境界是入门，指的是 OD 要了解组织所处的行业特点、业务特点、人员特点，了解组织所在行业前 10 名的基本情况，了解和分析组织在行业中的地位，同时对组织团队情况是否满足业务需要做出正确的判断。

如何达到入门的境界呢？

OD 可以与组织内的资深人士沟通，向资深人士请教；可以观察和访谈业务人员，学习业务知识；可以旁听业务部门的会议，把握业务的发展动向；可以研读行业报告，了解行业的最新动态。

2. 成手

懂业务的第 2 个境界是成手，指的是 OD 能够从业务策略角度看待组织业务或产品评价，能够进行组织机构设计与流程分解，有能力分解业务目标，设定指标和考核机制，能够对业务客户进行分析。

如何达到成手的境界呢？

OD 可以与业务部门的管理者做深度沟通，深入学习和调研业务逻辑；可以多参与一些业务会议，并在会议中多沟通交流；可以实地体验业务，尝试从事一段时间的业务工作。

3. 精通

懂业务的第 3 个境界是精通，指的是 OD 要了解组织的各项财务数据，熟知业务在财务领域的体现；能够对组织的业务流程做优化与改进，让组织的机制更适应业务发展；了解组织上下游产业链的市场情况，了解核心客户关系及渠道，能帮助组织构建品牌和承担社会责任。

如何达到精通的境界呢？

OD 可以与组织高层管理者沟通，了解业务在顶层设计中的定位与变化；可以深度参与业务会议，讨论业务模式，对业务模式提出建议；可以尝试制作业务诊断报告，并视情况不断修正业务诊断报告；可以通过第三方评价报告从不同维度评价业务，也可以尝试自己输出业务评价报告。

虽然 OD 在岗位设置上属于人力资源管理部门，但这并不代表 OD 可以和业务部门割裂，不代表 OD 可以和业务脱节。OD 只有做到了解业务、熟悉业务、精通业务，才能与业务部门有效对话，才能有效地为业务部门提供支持，才能真正发挥自身该有的价值和作用。

1.3 OD 的实战应用

实战中，不同组织会呈现出不同的特点，OD 也会有不同的表现。OD 要根据组织当前人力资源管理所处的阶段调整自己的工作内容；要避免一些典型无效的 OD 类型；可以视组织情况和个人特质，选择适合自己的 OD 类型。

1.3.1 功能升级：人力资源管理的 4 个阶段

在笔者参与的人力资源管理社群中，有很多社群成员互相讨论问题，很多人聊着聊着会发现彼此虽然在聊同一件事，但对这件事的看法和做法完全不同。他们因此感叹人力资源管理真是一份奇怪的职业，一个组织一个样，而且很多模块没有标准做法，好像怎么做都对，又好像怎么做都不对。

其实这种现象是正常的。这一方面是因为人力资源管理工作探究的是如何把人高效地组织在一起，人本身就有着很强的复杂性和多样性，面对不同类型的人群就应采取不同的方法。另一方面是因为组织规模不同，发展阶段不同，能够为人力资源管理付出的成本不同，所以实施人力资源管理的方法和精细化程度就不同。

总之，场景不一样，人力资源管理的做法就不一样，这也决定了人力资源管理和一些相对具有确定性的工作是不同的。根据不同的场景和发展阶段，常见的人力资源管理有 4 个阶段。这 4 个阶段其实就是实战中人力资源管理在组织中发展演化的过程。

人力资源管理的 4 个阶段如图 1-2 所示。

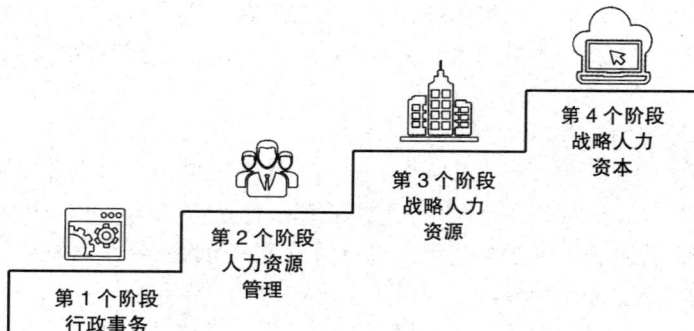

图 1-2　人力资源管理的 4 个阶段

1. 行政事务

人力资源管理的第 1 个阶段是人力资源管理的起源形态，也就是人力资源管理的 1.0 版本。这个阶段的人力资源管理工作更像是从行政办公室分出来的一块业务。

这个阶段的人力资源管理工作就是保证组织不违反《中华人民共和国劳动法》，

给员工办理一些基础的手续以及处理大量的行政事务。在这个阶段，很多组织的行政办公室和人力资源部是不分家的，叫人事行政部或行政人事部。

这个阶段的人力资源管理工作不应该叫人力资源管理，应该叫人事管理或劳资管理。在这个阶段，把行政办公室和人力资源管理分开的组织中，负责人力资源管理工作的那个人所在的部门一般也不叫人力资源部，而叫劳资部或人事部。

很多大型初创组织刚成立时会设人力资源部，人力资源部中可能会设置一个或多个岗位的HR。虽然有专门的人力资源部，但这些HR所做的工作可能依然是人事管理或劳资管理的工作。虽然该部门名字叫人力资源部，但整个组织的人力资源管理水平可能仍处于行政事务阶段。

这个阶段OD的主要任务是稳住组织的人才，协助管理者带好团队，支持组织的主营业务发展。

2. 人力资源管理

人力资源管理的第2个阶段是人力资源管理阶段，也就是人力资源管理的2.0版本。这个阶段的人力资源部会开始承担比较多的职能，其主要作用是给组织提供源源不断的人才支持，保证人才的数量和质量满足组织需要。

这时的人力资源管理开始转向一系列的人力资源管理实践，人力资源部开始专注于招聘人才、培养人才、做薪酬设计、制订继任者计划等围绕人才管理进行的工作。

处在这个阶段的人力资源部出现了模块的概念，开始设置分管招聘模块的HR、分管培训模块的HR、分管绩效模块的HR、分管薪酬模块的HR等。

这个阶段OD的主要任务是为组织补充优秀人才，开发人才的能力，激发人才的动力，促进组织整体人力资源效能和质量的提高。

3. 战略人力资源

人力资源管理的第3个阶段是战略人力资源阶段，也就是人力资源管理的3.0版本。这个阶段的人力资源部不仅关注人才的管理和开发，更加关注组织本身。进入这个阶段的人力资源管理的标志是人力资源管理开始逐渐和战略紧密结合在一起。

这个阶段的人力资源部要根据组织战略规划，专注于组织机构的设计和人力资源管理系统的设计。OD的概念最早就是在这个阶段的组织中出现的，而且只有在这个阶段，OD才能得到比较精准的定位和发展。

很多组织中OD设立失败的原因是人力资源管理的版本太低。例如组织当前只处在人力资源管理的1.0版本或2.0版本，虽然设置了OD，但实际上OD将大量的时间和精力用在了行政事务工作或人力资源管理事务工作上，无暇顾及组织和战略层面的事项。

事实上，就算组织已经到了人力资源管理的3.0版本，OD的理念能否落地应用也和组织推行OD的方式有很大关系。

4. 战略人力资本

人力资源管理的第4个阶段是战略人力资本阶段，也就是人力资源管理的4.0版本。这个阶段的人力资源管理不仅要关注组织内部的情况，还要关注组织的外部环境和成长，同时 OD 要思考如何改进组织的管理模式。除了能做好前 3 个阶段的人力资源管理工作外，这时候的人力资源管理和组织经营联系比较紧密，更接近股东、顾客、投资人。

中国很多企业的经营发展情况和盈利情况虽然很好，但人力资源管理的版本和很多世界 500 强企业比起来普遍比较低。这当然不是因为中国人的能力弱，主要是因为很多世界 500 强企业的发展历程比较长。关于组织的经营管理和人力资源管理，很多世界 500 强企业已经把该走的路走过了，把该犯的错误犯过了。

近几年世界 500 强企业的平均存续时间普遍超过 100 年，有超过 200 家世界 500 强企业的发展历史超过 100 年。虽然已经有越来越多的中国企业上榜世界 500 强企业，但大部分企业相对来说比较"年轻"，在人力资源管理方面经常会出现经验不足的问题。

很多世界 500 强企业的人力资源管理已经是 3.0 或 4.0 版本，而中国很多企业的人力资源管理还处在 1.0 或 2.0 版本。

在人力资源管理的 1.0 版本中，人力资源管理人员的角色是执行者，承担着人力资源管理和行政管理相关的执行工作。

在人力资源管理的 2.0 版本中，人力资源管理人员的角色是人力资源工作专家，工作重点是做好人力资源管理。

在人力资源管理的 3.0 版本中，人力资源管理人员的角色是业务伙伴，要学会将业务战略转换成人力资源管理战略，工作应当以业务为中心。

在人力资源管理的 4.0 版本中，人力资源管理人员的角色不仅是业务伙伴，也是战略伙伴，不仅能够推进组织战略的实现，还能够推进企业的战略转型。

当组织的人力资源管理版本在 3.0 以下时，可以尝试引入 OD 的概念和方法论，但不应对人力资源管理工作有过多要求。这时候如果盲目提出比较高的要求或抱有太大的期待，结果往往适得其反。

当组织的人力资源管理版本在 3.0 及以上时，应全面推行 OD，要让人力资源管理工作形成对组织发展和战略实现的支持。

1.3.2　刻意规避：3 种典型无效的 OD 类型

实务中，有些 OD 因为没有认识到组织对 OD 的要求，不清楚 OD 的职责，不具备做好 OD 工作的能力，没找准自身定位，等等，没有做好 OD 相关工作。以下是 3 种比较常见的无效的 OD 类型。

1. 口号型 OD

口号型 OD 口才比较好，能说会道，但说得多做得少，时间久了，会给别人留下"只说不做"的不良印象。口号型 OD 可能有如下表现。

（1）不仅喜欢喊口号，而且善于创造口号，喊口号大于行动。

（2）说的时候站在前面，做的时候躲在后面，不愿意动手，不善于执行。

（3）做事不靠谱，落实能力差，做出的承诺难以兑现。

（4）喜欢许下比较宏伟的承诺和制订比较远大的规划，但通常难以落地。

2. 文档型 OD

文档型 OD 喜欢做精彩的汇报文件，把工作都做到纸面上，徒有其表，流于形式。文档型 OD 可能有如下表现。

（1）喜欢纸上谈兵，能够将汇报文件做得很漂亮。如果口才也比较好，就能在会议上表现得非常亮眼。

（2）平时工作总是把大量时间用在做各类汇报文件上，仿佛身为 OD，职责就是输出各类报告，觉得报告完成了，自己的工作就完成了。

（3）汇报文件中包含大量的数据或事实，但只是描述现状，没有基于数据或事实进行深入分析，没有找出根本原因，没有对未来的预测，也没有解决实际问题。

3. 概念型 OD

概念型 OD 也许掌握的工具和方法论不少，但缺乏实战经验，总是用一些比较专业、难懂的概念。概念型 OD 可能有如下表现。

（1）明明可以用相对通俗的、别人听得懂的概念说明，但总时不时地用一些别人听不懂的词汇，并引以为傲。

（2）只想做理论家，不想做实干者。只会从理论层面看问题，实践中遇到的很多问题都不知道如何解决。

（3）不懂如何顺应组织的需要，只是一味机械地应用工具和方法论，且这些工具和方法论对解决组织问题没有实际帮助。

（4）认为复杂的、难懂的、别人短时间看不明白的概念才是好的；不考虑实际，认为规模大的组织的做法就是对的，盲目照搬。

1.3.3　因地制宜：4 种常见有效的 OD 类型

既然有做得不好的 OD，就会有做得相对比较成功的 OD。做得不好的 OD 各有各的失败之处，做得好的 OD 也各有各的成功之处。每个组织对 OD 的定位和要求有所不同，实务中比较成功的 OD 有 4 种类型。

1. 策略型 OD

策略型 OD 做事讲究方法，能够润物细无声地推动组织变化，减少组织变化给成员们带来的不适感。策略型 OD 可能有如下表现。

（1）遇到比较棘手的问题能够有技巧、有谋略地做艺术化处理，而不是通过强硬的方式推进。

（2）能够为组织高层管理者出谋划策，想出的谋略顺应组织需要，并且能够落地执行，组织成员的接受度高。

（3）不抢功劳，甘当绿叶，能清晰认知到自己的辅助地位。当组织有所成就时，清楚荣誉是属于组织高层管理者的。

2. 领导型 OD

领导型 OD 的管理能力出众，与组织高层管理者走得比较近，能够和组织高层管理者一起面对和解决组织问题。领导型 OD 可能有如下表现。

（1）协助组织中各级管理者实施管理，有时候相当于某一级组织或团队的二把手；当这一级管理者不在时，可以代替管理者管理团队。

（2）能够和组织高层管理者顺畅交流，能够得到组织高层管理者的信任，敢于站在组织高层管理者的角度提出决策建议。

（3）敢作敢为，勇于担当，遇到紧急情况能够独当一面，必要时能够独立带领一个团队取得业务成果。

3. 专家型 OD

专家型 OD 不仅能发现组织存在的问题，而且总能发现问题的症结所在，并引导组织及时采取有针对性的行动。专家型 OD 可能有如下表现。

（1）定期实施组织诊断，及时发现组织问题，不仅能够对问题做深入分析，形成解决方案，而且能够亲自带领组织将行动方案落地。

（2）精通人力资源管理的工具和方法论，能够为组织各级管理者提供人力资源管理方面的支持和咨询服务。

（3）懂组织的商业模式和业务逻辑，能够站在业务角度为组织着想，能够把业务和人力资源管理有机结合。

4. 对话型 OD

对话型 OD 不仅关注成员在组织中的工作情况和成员的成长发展情况，还关注成员的生活诉求。对话型 OD 可能有如下表现。

（1）定期与组织成员谈话，了解组织成员的工作情况和家庭情况，尽可能帮助组织成员解决工作和家庭中的各类问题。

（2）为人比较随和，能够得到组织成员的信任，组织成员愿意将自己对组织或管理者的意见、建议、不满等告知 OD。

（3）善于和组织成员对话，能够熟练运用引导技术，帮助组织成员发现问题，发掘需求，明确接下来的工作方向。

究竟什么样的 OD 是好的 OD？这个问题也许 100 个组织会有 100 个答案，但既然 OD 是为组织发展服务的，也许评价 OD 合格与否的标准可以简化为 2 个。

一是主观标准，即组织高层管理者和各级管理者对 OD 的满意程度。

二是客观标准，即通过 OD 的努力，组织效能持续提升的效果和程度。

实践是检验真理的唯一标准，也是培养 OD 的绝佳路径。让 OD 成长的，不是安逸静好的岁月，而是持续不断的磨炼。不经历风雨，怎能见彩虹。OD 不断地遇到问题、分析问题和解决问题，自然而然就通透了。

☑ 实战案例
阿里巴巴集团内部某高级 OD 的职责描述与任职要求

阿里巴巴集团内部某高级 OD 的职责描述如下。

（1）理解业务战略，把握业务节奏，通过组织诊断、团队学习、绩效创新等，催生组织能量、推动战略落地。

（2）能应用现行管理实践的专业理论、方法、工具，为内部客户提供专业解决方案，实现组织能力全面提升。

（3）承接人力资源策略，能够负责员工素质模型、任职资格体系、员工测评、人才盘点、晋升等 HR 专业项目。

（4）针对互联网发展进行组织研究，为公司未来的组织发展和优化提供有价值的建议。

阿里巴巴集团内部某高级 OD 的任职要求如下。

（1）大中型企业人力资源体系组织发展 5 年及以上经验，或国际知名咨询公司顾问 3 年及以上专业经验。

（2）本科以上学历，英语能力良好；有人力资源管理、企业管理、心理学专业背景者优先。

（3）具有很强的系统思考能力、逻辑分析能力、项目管理能力和落地推动能力。

（4）善于沟通协调，能整合资源，具有良好的团队合作意识。

☑ 实战案例
吉利控股集团内部某高级 OD 的职责描述与任职要求

吉利控股集团内部某高级 OD 的职责描述如下。

根据公司战略及管理要求，前瞻性分析业务及组织发展对人力资源的需求，务实有效地推动组织、岗位及相关管理机制的优化和变革，强有力地支持业务发展，具体职责如下。

（1）组织诊断：协同业务部门做好集团各级组织和人力资源诊断，并提供专业的人力资源解决方案，确保组织战略落地及有效运行，持续提升组织能力。

（2）岗位管理：牵头搭建集团岗位职级体系，制定集团岗位管理标准，并推动各子公司做好岗位日常管理与优化。

（3）定期盘点：定期进行组织与岗位及相关机制匹配性盘点与分析，对组织机构、岗位分布、人才结构输出数据洞见和改善建议。

（4）前瞻研究：进行人力资源管理领域前瞻性探索与研究，对标行业内外优秀实践，提出管理创新建议，并转化为集团可行做法。

（5）专业赋能：将集团 OD 相关的管理实践沉淀为方法论，积极赋能各子公司 HR，提升子公司在 OD 领域的专业能力和战斗力。

吉利控股集团内部某高级 OD 的任职要求如下。

（1）统招本科及以上学历，名校优先。

（2）5 年以上人力资源管理及 OD 相关工作经验，拥有大中型企业总部或咨询公司工作经历优先。

（3）有组织及岗位职级体系变革的项目经验，并具备较强的策划、协调、追踪、闭环等项目推动能力。

（4）自驱力强，学习能力强，并具备较强的系统性思维、逻辑分析能力及沟通表达能力，善于协同合作。

（5）拥有科技互联网、汽车行业、智能制造等相关行业经验优先。

☑ 实战案例
美的集团内部某高级 OD 的职责描述与任职要求

美的集团内部某高级 OD 的职责描述如下。

（1）理解业务战略，把握业务节奏，建立组织人才规模、人才结构和内部人才流动策略，催生组织能量、推动战略落地。

（2）能应用现行管理实践的专业理论、方法、工具，为内部客户提供专业解决方案，实现组织能力全面提升。

（3）承接人力资源策略，能够负责员工素质模型建立、任职资格体系创建、员工测评、人才盘点、晋升处理等 HR 专业项目。

（4）针对高科技／互联网做组织研究，为公司未来的组织发展和优化提供有价值的参考，或根据需要给出专业的建议。

美的集团内部某高级 OD 的任职要求如下。

（1）大中型企业人力资源体系组织发展 5 年及以上经验，或国际知名咨询公司顾问 3 年及以上专业经验。

（2）本科以上学历，具备人力资源管理、企业管理及心理学专业知识，有人力资源管理、企业管理、心理学专业背景者优先。

（3）愿致力于企业战略转型组织能力的建设，能够持续进行前沿学习，不断实践先进思想、沉淀体系方法。

（4）具有很强的系统思考能力、逻辑分析能力、项目管理能力和工作推动力；人际敏感度高，善于整合资源，具有良好的团队合作意识。

第2章

OD 常用工具与方法论

要高效地履行职责，做好岗位工作，OD 需要
掌握一些常用的工具与方法论。根据 OD 的主要职
责要求和实际工作需要，常用的工具与方法论有组
织战略工具与方法论、组织诊断工具与方法论和组
织文化工具与方法论。

在组织战略方面，OD 要推动组织的业务发展，帮助组织实现战略目标。这就要求 OD 能够认识业务，明白业务的总体逻辑；要驱动业务，助力业务发展；要服务业务，让业务部门满意；要推进战略，与组织一起实现战略目标。

2.1.1 认识业务：商业模式画布

要清晰地认识业务，可以使用一种工具——商业模式画布。OD 驱动业务的前提是掌握或了解商业模式，有能力与组织／部门／团队一起理清商业模式，协助组织／部门／团队制定战略目标，明确行动方向。

商业模式画布（Business Canvas）是一种理清商业模式、明确产品客户、看懂供求关系、算清成本收益的工具。商业模式画布不仅可以将商业模式有效拆分，还可以找到商业模式所包含的各项内容之间的关系。

商业模式画布的形式如图 2-1 所示。

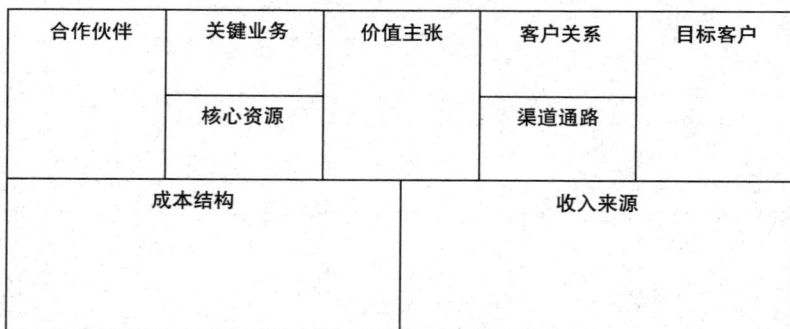

	合作伙伴	关键业务	价值主张	客户关系	目标客户
供求关系		核心资源		渠道通路	
成本收益	成本结构			收入来源	

图 2-1　商业模式画布的形式

商业模式画布分成两大部分，一部分是供求关系，另一部分是成本收益。

供求关系指的是商业模式当中供给与需求之间的关系。供求关系是一切商业模式的基础，有需求，才有供给。如果没有需求只有供给，则商业模式无法成立。

成本收益指的是整个商业模式实施之后，财务管理方面的成本情况和收益情况。

商业模式画布的核心是供求关系，只有理清供求关系，才有基本的商业逻辑。供求关系和成本收益之间是因果关系，供求关系是因，成本收益是果。

供求关系可以分成合作伙伴、关键业务、核心资源、价值主张、客户关系、渠道通路和目标客户 7 个部分。

以某组织的商业模式画布为例。

合作伙伴指的是能够帮助满足客户，与组织一起创造价值的所有商业伙伴。

关键业务指的是组织为了满足客户需求所开展的主要业务活动。

核心资源指的是组织为了获取客户、满足客户、取得竞争优势所拥有的关键资源。

价值主张指的是组织存在的价值，也就是组织能够帮助客户解决的问题。

客户关系指的是组织和客户之间存在的连接与互动。

渠道通路指的是组织获取客户、销售产品或服务客户的渠道。

目标客户指的是所有能够成为组织潜在目标客户的群体。

举例

某家专门为财务管理人员提供知识服务的新媒体公司的商业模式画布如图 2-2 所示。

供求关系	合作伙伴 ×× 社群 ×× 平台 ×× 公司 ×× 协会 ×× 组织 ……	关键业务 社群 平台 内容 核心资源 产品研发 产品内容	价值主张 解决财务管理人员工作中的一切难题	客户关系 社群高黏性 渠道通路 自媒体 出版物 合作伙伴	目标客户 所有财务管理人员

成本结构

类别	金额/(万元·年$^{-1}$)
营销费用	100
人力成本	200
租金成本	10
开发维护成本	30
设备成本	20
其他费用	40
合计	400

收入来源

年份	总营收入/万元	总成本/万元	税前利润/万元
第 1 年	200	400	-200
第 2 年	500	500	0
第 3 年	800	600	200
第 4 年	1000	700	300
第 5 年	1500	800	700

图 2-2　某家专门为财务管理人员提供知识服务的新媒体公司的商业模式画布

每个组织/部门/团队在制定战略目标、采取行动方案之前，首先要明确自身的商业模式。商业模式决定了努力方向，只有商业模式成立，努力方向才可能正确。如果方向错误，所有的努力都会变得没有意义。

2.1.2　驱动业务：业务领先模型

OD 要有效驱动业务，可以使用业务领先模型（Business Leadership Model，BLM），这是一种把战略目标、核心价值观、业务发展、人才发展与领导执行结合在一起的模型工具。BLM 来源于国际商业机器（International Business Machines，IBM）公司保证战略规划和业务落地的方法论。

BLM 的形态如图 2-3 所示。

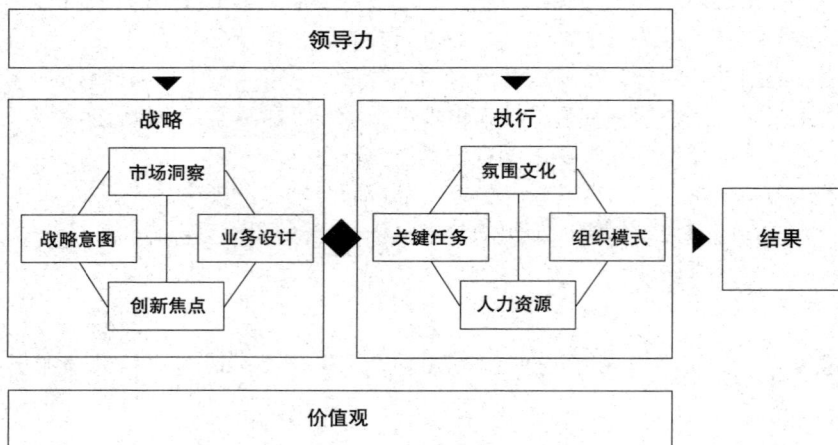

图 2-3　BLM 的形态

BLM 的顶端和底端分别是领导力和价值观。顶端的领导力是业务的核心驱动力。底端的价值观是组织发展的根本导向。在 BLM 中，组织在价值观的基础上，通过领导力的作用，驱动业务发展。

BLM 的中间分成战略、执行和结果 3 个部分。组织的成功需要正确的战略指明方向和方法，需要强有力的执行保证战略落地；有了正确的战略、强有力的执行后，才有可能收获比较好的结果。

战略部分包括战略意图、市场洞察、业务设计和创新焦点 4 个部分。

战略意图指的是愿景、方向或目标，指要做什么事，要达成什么样的结果。战略意图一般可以分成远期目标和近期目标。战略意图要体现出组织的竞争优势。人力资源战略要配合组织、部门、团队的战略意图。

市场洞察需要了解用户需求、竞争情况、市场状况和技术情况。通过市场洞察，组织可以了解外部环境的整体情况，结合自身情况指导实施内部战略决策。市场洞察主要可以分成对宏观环境的分析、对竞争情况的分析和对用户需求的分析 3 类。

业务设计是保证组织持续增值的方法。业务设计既要考虑组织当前的业绩情况和机会增长点之间的差距，又要考虑当前的能力基础和资源情况。业务设计的主要内容包括选择用户、产品 / 服务的价值主张、商业价值获取方法、商业价值产生领域、价值持续增长方法、风险管控方法等。

创新焦点是采用创新的方法，为组织带来新的商业模式或新的增长点。创新焦点的主要内容是对未来业务的整合、对创新方法的探讨和对资源的有效利用。创新焦点可以包括对产品 / 服务的创新、对运营模式的创新和对业务模式的创新。

执行部分包括关键任务、氛围文化、组织模式、人力资源 4 个部分。

关键任务是支撑业务设计的关键性、决定性措施，包括业务增长方面的措施和能力建设方面的措施。关键任务要考虑产品设计开发、产品营销、产品交付、客户服务、客户管理等事项。不同的关键任务之间存在着一定的依赖关系。

氛围文化包含社会文化和组织文化两部分。组织文化包含组织价值观和组织理念。氛围文化影响着组织中的所有团队和个人，对个人的态度和行为有非常重要的影响，甚至能够对组织经营的成败造成影响。

组织模式指的是对关键任务形成支持的组织机构、业务关系、关键岗位、岗位能力要求、工作授权、运营体系、流程制度、分工协作机制、信息管理、知识管理、绩效管理、奖惩制度、激励制度、职业规划等组织层面的顶层设计。

人力资源指的是组织的人才要有能力执行战略，有能力保证战略的有效实施。人力资源要做好人才获取、人才选拔、人才培养、人才激励、人才保留等工作。

除了促进战略的执行落地之外，BLM还能够让人力资源管理和业务的关系更加紧密。运用BLM给各业务部门做规划时，OD需要把部门战略和人力资源管理战略紧密结合在一起。此时的人力资源管理战略不再是写在纸上的报告，而是能够最终落地、发挥作用的执行计划。

2.1.3　服务业务：KANO模型

OD对业务部门既要做好驱动，又要做好服务。当OD服务业务部门的时候，业务部门管理者和员工对OD有的工作会表示满意，对有的工作会表示不满意。如何保证业务部门管理者和员工对OD的工作都感到满意呢？

要获取业务部门管理者和员工的满意，OD可以采用KANO模型，如图2-4所示。

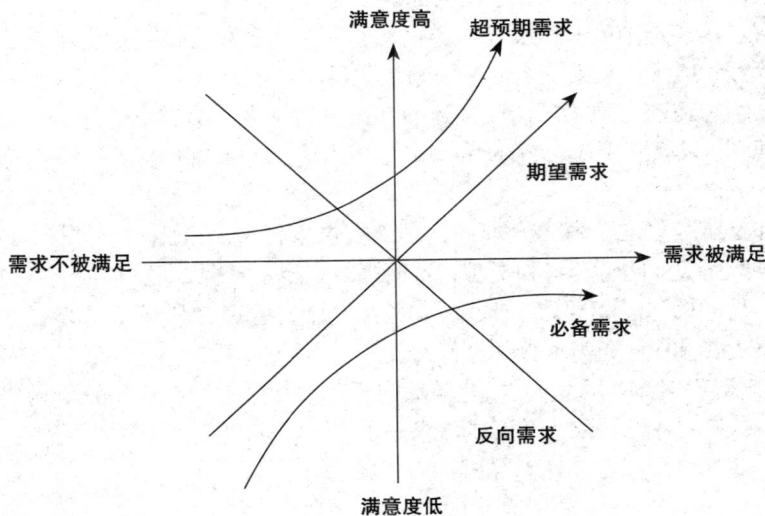

图2-4　KANO模型

KANO 模型最早被用在营销领域，展现了顾客需求和顾客满意度之间的关系。KANO 模型可以用来解释商家如何满足顾客的需求。在组织中，业务部门管理者和员工就相当于顾客，OD 就相当于提供产品或服务的商家。OD 要满足业务部门管理者和员工的需求，其实和商家要满足顾客需求的道理类似。

KANO 模型定义了 4 个层次的顾客需求，分别是必备需求、期望需求、超预期需求和反向需求。

必备需求指的是顾客对产品或者服务的基本要求，是顾客认为产品或者服务必须有的属性或功能。当产品或服务满足这类需求的时候，顾客满意度不会提升；但是当产品或服务不能满足这类需求时，顾客满意度会大幅降低。

例如，顾客买空调，如果买回来的空调能正常制冷，顾客不会因此对买回来的空调感到满意，因为这是空调本来就应该有的基本功能；可一旦顾客买的空调不能制冷或制冷效果不好，那顾客对该品牌空调的满意度一定会大幅降低。

期望需求是指顾客的满意度与需求的满足程度呈一定比例关系的需求。当这类需求被满足时，顾客的满意度会提升；当这类需求不能被满足时，顾客的满意度会降低。

例如，酒店提供的免费早餐服务，免费早餐通常不是酒店服务必备的，可如果很多酒店都已经提供了这项服务，那顾客就会对这项服务有期待。如果酒店能提供这项服务，顾客满意度会提升；如果酒店不能提供这项服务，顾客满意度会降低。

超预期需求指的是顾客意想不到的需求。如果不能满足这类需求，顾客满意度不会降低；但如果满足了这类需求，顾客满意度会有很大提升。

例如，顾客在咖啡店点了一杯咖啡，自己不小心把咖啡碰洒了，咖啡杯也被摔碎了。这家咖啡店的店员不仅没有要求顾客赔偿咖啡杯，还连忙向顾客道歉，为顾客免费提供了一杯新的咖啡，此时顾客满意度就会有很大提升。

反向需求指的是顾客原本没有这类需求，如果商家硬要满足这类需求，顾客满意度反而会下降的情况，也就是俗话说的画蛇添足。

例如，顾客在商场购买产品后接到的回访电话，表面上看，这是为了给顾客再次购买提供便利，实际上是打扰了顾客，很容易引起一些顾客的反感，反而降低顾客满意度。

人人都是产品经理，每个人都在为别人提供某种产品或服务。同样，OD 也是为了更好地服务业务部门管理者和员工，不断提供自己的产品或服务，不断满足"顾客"需求的"产品经理"。OD 要搞清楚在业务部门中，管理者和员工的必备需求、期望需求、超预期需求和反向需求分别是什么。

OD 可以运用 KANO 模型，以业务部门管理者和员工为对象，分析和研究业务部门管理者和员工的各类需求，并形成需求分析表，如表 2-1 所示。

表 2-1 OD 运用 KANO 模型以业务部门管理者和员工为对象的需求分析表

业务部门管理者和员工	必备需求	期望需求	超预期需求	反向需求
张三				
李四				
王五				
赵六				
徐七				

OD 也可以运用 KANO 模型，以工作任务为对象，分析和研究不同工作任务的工作成果对应着组织／团队的哪类需求，如表 2-2 所示。

表 2-2 OD 运用 KANO 模型以工作任务为对象的需求分析表

工作任务	必备需求	期望需求	超预期需求	反向需求
A 任务				
B 任务				
C 任务				
D 任务				
E 任务				

OD 弄清楚这些需求后，可以以产品经理的心态做事，让自己提供的产品或服务能够不断地迭代升级，持续地满足业务部门的需求，持续获得业务部门管理者和员工的信任，从而服务业务。

2.1.4 战略分析：SWOT 分析模型

不论是对组织的战略分析还是对人力资源管理战略的分析，都可以用到 SWOT 分析模型。SWOT 分析模型是通过全面分析组织内部的优势（Strength）和劣势（Weakness）、外部的机会（Opportunity）与威胁（Threat）获得相关信息，从而得出结论的过程。

OD 可以用 SWOT 分析模型协助组织做好战略分析，也可以用 SWOT 分析模型进行人力资源战略或人力资源竞争力分析；分析之后，可以根据需要，形成相应的应对策略。

举例

某公司运用 SWOT 分析模型对公司做战略分析。

根据 SWOT 分析模型中对优势（Strength）、劣势（Weakness）、机会（Opportunity）、

威胁（Threat）4个方面的分析，得到如表2-3所示的分析结果。

表2-3　某公司战略分析结果

优势（Strength）	劣势（Weakness）
足够的经济来源 良好的公司形象 有力的技术支持 市场份额较高 广告优势明显 成本领先战略 稳定持续发展态势	设备老化 管理水平较低 研发水平落后 缺乏关键技术
机会（Opportunity）	威胁（Threat）
新的需求 新的市场 新的产品	新的竞争者 替代产品增加 行业政策变化 产业经济衰退 客户偏好改变

　　SWOT分析模型不仅可以用于公司的战略分析，还可以用于人力资源管理战略的分析。该公司将现有的招聘渠道分成内部招聘渠道和外部招聘渠道，并分别运用SWOT分析模型对内外部招聘渠道进行分析。内部招聘渠道分析结果如表2-4所示。

表2-4　内部招聘渠道分析结果

优势（Strength）	劣势（Weakness）
有效地激励在职员工，鼓舞士气 降低招聘风险 节省招聘成本 培养员工奉献精神和提高忠诚度	造成"近亲繁殖" 引发内部矛盾 失去外部招聘人才的机会 人才晋升短期内达不到预期要求
机会（Opportunity）	威胁（Threat）
提升空间大 内部晋升空间大 员工潜能大 机会成本最大化	外部的优秀人才流失 不能接收其他公司的经验 眼光狭隘，故步自封

外部招聘渠道分析结果如表2-5所示。

表2-5　外部招聘渠道分析结果

优势（Strength）	劣势（Weakness）
有利于树立公司形象 能够树立新理念，引进新技术 选择余地更大 缓解内部紧张关系 树立内部员工危机意识 激发内部员工的潜能	筛选时间较长，难度较大 招聘成本较高 新员工进入角色较慢 评价可能不客观，决策风险较大 可能影响内部员工的积极性 价值观可能与公司有冲突
机会（Opportunity）	威胁（Threat）
宣传公司，提升公司形象 人才筛选更有针对性 更新公司观念 引进更多的优秀人才	招聘周期较长，不利于留住求职者 花费成本后不一定能招聘到合适的人才

2.1.5　战略选择：VRIO 模型

组织选择和制定战略要谨慎，要在充分了解内部资源和能力之后做出选择。OD应当在 SWOT 分析结果的基础上，进一步分析组织能力和资源，帮助组织找到核心竞争力，以获得竞争优势。要实现这一点，OD 可以使用 VRIO 模型。

VRIO 模型包括价值（Value）、稀缺性（Rarity）、难模仿性（Inimitability）和组织（Organization）4 个部分。

价值（Value）是指组织当前的资源和能力情况能否帮助组织保持优势、化解劣势、把握机会、消除威胁，是否能够让组织持续增值。

稀缺性（Rarity）是指组织当前的资源和能力是否存在一定的稀缺性，具备这样的资源和能力的其他组织是否比较少。

难模仿性（Inimitability）是指组织当前的资源和能力是否难以被他人模仿，不具备这类资源和能力的组织如果想获得类似的资源和能力，难度有多大。

组织（Organization）是指组织对当前的资源和能力是否有足够强的组织能力，能否有效运用当前的资源和能力。

OD 运用 VRIO 模型可以分成以下 5 个步骤。

第 1 步，罗列组织具备的资源和能力。

第 2 步，通过 VRIO 模型对这些资源和能力进行分析。

第 3 步，找到组织的核心资源和能力，确定组织的核心竞争力。

第 4 步，围绕进一步提升组织的核心竞争力，做出一系列战略选择。

第 5 步，围绕如何弥补资源和能力上的不足，做出一系列战略选择。

举例

某公司是一家生产制造型公司，该公司的 OD 运用 SWOT 分析模型帮助公司确定战略之后，又采用 VRIO 模型分析公司的核心竞争力，得出的结果如表 2-6 所示。

表 2-6　采用 VRIO 模型分析公司核心竞争力（表中√代表具备，× 代表不具备）

能力 / 资源	价值 （Value）	稀缺性 （Rarity）	难模仿性 （Inimitability）	组织 （Organization）
市场营销能力	×	×	√	√
产品开发能力	√	√	√	√
质量管控能力	√	×	√	√
公司文化氛围	×	×	×	×
销售渠道资源	√	√	×	√
采购渠道资源	√	√	×	√

从表 2-6 能够看出，产品开发能力是该公司的核心竞争力。

该公司在质量管控能力、销售渠道资源和采购渠道资源方面都有比较明显的竞争力。但是，该公司的质量管控能力并不具有稀缺性，也就是很多公司也具备这种能力。该公司在销售渠道资源和采购渠道资源方面的竞争力并不具有难模仿性，也就是这些渠道资源被竞争对手掌握后，竞争对手也能具备此优势。

该公司的市场营销能力不具有价值和稀缺性，也就是其市场营销能力不能让公司持续增值，且很多公司也具备类似的能力。

该公司在公司文化氛围方面并不具备竞争力。

针对以上分析，该公司决定做出如下战略选择。

（1）加大对产品开发的资源投入，巩固其核心竞争力的地位。

（2）研发独有的质量管控方法，增加技术壁垒，做好知识产权保护。

（3）强化公司的保密管理，保证销售和采购渠道资源受到保护。

（4）增强市场营销能力，并在市场营销方法上有所创新。

（5）加强公司文化建设，学会用有竞争力的文化管理公司。

2.1.6　战略实现：平衡计分卡

OD 要帮助组织实现战略，可以运用平衡计分卡。

平衡计分卡（Balanced Score Card，BSC）是由美国哈佛商学院的教授罗伯特·卡普兰（Robert Kaplan）和诺朗诺顿研究所所长、美国复兴全球战略集团创始人兼总裁戴维·诺顿（David Norton）共同创建的。

平衡计分卡的核心思想是通过财务（Financial）、客户（Customers）、内部经营过程（Internal Business Progress）、学习与成长（Learning and Growth）4个方面的指标之间相互驱动的因果关系（Cause and Effect Links），展现出组织的战略轨迹，实现从"绩效考核"到"绩效改进"，以及从"战略实施"到"战略修正"的目标。

平衡计分卡中的每一项指标都是因果关系中的一环，它们把组织的目标和相关部门的目标联系在一起。

平衡计分卡表明了源于战略的一系列因果关系，发展和强化了战略管理系统。将平衡计分卡作为核心战略管理的衡量系统，可以完成对关键过程的有效控制和资源的优化配置。平衡计分卡可以有效处理组织内部、外部各种变量的相互关系，保证组织系统变革过程的均衡性。

为什么把这种方法叫作平衡（Balanced）计分卡？因为这种方法：

（1）既关注组织战略，又考虑实际经营管理，是战略落地和组织经营管理的平衡；

（2）既有财务指标，又有非财务指标，是财务与非财务的平衡；

（3）既有定量的指标，又有定性的指标，是定量与定性的平衡；

（4）既有主观的评价，又有客观的评价，是主观与客观的平衡；

（5）既有前馈指导，又有后馈控制，是结果与达成结果需要的动因或过程之间的平衡；

（6）既考虑短期增长，又考虑长远发展，是短期价值与长远价值的平衡；

（7）既考虑组织利益，又考虑利益相关者利益，是组织与各利益相关者的平衡；

（8）既关注外部衡量，又关注内部衡量，是内部与外部衡量的平衡。

作为一套完整的业绩评估系统，平衡计分卡从4个层面来评估组织的经营情况，展现了组织创造价值的全过程。

1. 财务层面

财务层面指站在股东视角，看待组织成长、盈利能力和风险情况，是组织财务结果的直观表现。财务层面常见的指标有营业收入、资本回报率、利润、现金流、经营成本、资产负债率、项目盈利性等。

2. 客户层面

客户层面是指从客户的视角，看待组织创造的价值在外部市场上展现出的差异性，是客户对组织感受的直接表现。客户层面常见的指标有市场份额、客户满意度、客户忠诚度、价格指数、客户保留率、客户获得率、客户利润率等。

3. 内部经营过程层面

内部经营过程层面是从经营管理的角度看待内部流程为业务单元提供的价值，是产生结果之前的重要过程管控。内部经营过程层面常见的指标有新产品开发时间、产品质量、生产效率、生产成本控制、返工率、安全事故件数等。

4. 学习与成长层面

学习与成长层面是从创新和学习的角度评价组织的运营状况，关注组织未来是否有持续稳定发展的人力资源。学习与成长层面常见的指标有员工满意度、员工离职率、员工生产率、人均培训时间、合理化建议数量、员工人均收益等。

对于不同组织和组织发展的不同阶段，平衡计分卡可以发挥不同的功能。例如实现传统组织与新战略的衔接；作为实施组织战略的工具；作为组织的核心管理系统，完成重要的管理过程；作为组织目标体系建设和业绩控制、衡量的系统手段；等等。

要想在组织中有效推行平衡计分卡，可以分10步走，这10步逐级递进、层层深入，如图2-5所示。

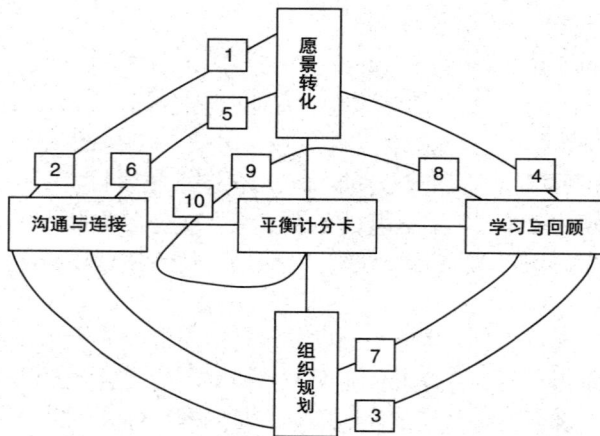

图2-5 推行平衡计分卡的10步

1. 澄清组织战略

在组织中成立绩效管理机构，确定执行团队成员；分解组织层面平衡计分卡的指标，开发战略地图；将战略地图转化为可以被组织理解并传达的策略。此过程有助于组织建立共识，明确对战略的理解及做出承诺。

2. 建立沟通

建立与组织各部门中层管理者的沟通渠道，开发各业务单元的平衡计分卡。在这一步中，可以把平衡计分卡的推行成果当成沟通联络的工具，将中层管理者聚集在一起，让他们了解并讨论组织战略。以组织的平衡计分卡为模板，各业务单元开发自己的平衡计分卡。

3. 消除不确定性

组织层面的平衡计分卡明确了战略重点，确定了一些对组织有利的方案，同时明确了组织的一些业务变更计划。当中层管理者确定的指标或目标对组织实现战略没有帮助时，要及时澄清，以消除不确定性。

4. 审查业务单位的平衡计分卡

在这个环节，组织高层管理者和绩效执行团队要审查各个业务单位的平衡计分卡。在审查的过程中，组织高层管理者可以及时了解各业务单位的战略和目标，以便及时调整，使其更符合组织的战略和目标。

5. 缩小愿景

对组织做必要的商业评估，复盘组织的愿景，将其进一步明确、聚焦并缩小到可以实现的范围。

6. 组织成员沟通

就平衡计分卡与组织成员沟通，并建立个人绩效目标。当组织的管理者对战略感到明确并对方案感到满意时，OD便可以把平衡计分卡传播到整个组织，将管理者的个人目标和奖金与平衡计分卡联系起来。

7. 更新长期计划和预算

绩效管理小组要和管理团队一起为每项措施制定5年的目标，同时确定实现这些目标所需要的投入。

8. 进行季度和月度审查

在组织批准各业务单位的平衡计分卡后，开展季度和月度审查，并重点关注与战略直接相关的问题。

9. 进行年度战略审查

在初始战略实现后，组织战略需要更新。绩效管理委员会可以列出战略问题并交给各业务单位，要求各业务单位为更新各自的战略和平衡计分卡做准备。

10. 形成承诺

将整个组织的薪酬激励、个人表现与平衡计分卡相关联，员工个人目标与平衡计分卡相关联，形成个人业务承诺计划（Personal Business Commitment，PBC）。

2.2　组织诊断工具与方法论

组织可能面临各种各样的问题，这时候OD需要有能力做组织诊断。通过组织诊断，OD能及时发现和意识到组织的潜在问题，帮助组织做出调整。这就要求OD能够分析组织的外部环境和组织的竞争状态，用框架思维诊断组织问题，发现组织问题的根源并评估组织能力。

2.2.1 宏观环境：PEST 分析法

PEST 分析法是一种分析组织所处宏观环境的方法，包括政治（Political）、经济（Economic）、社会（Social）和技术（Technological）4 个分析维度。运用 PEST 分析法，OD 能够对组织所处的外部宏观环境形成框架性的认识。

1. 政治

政治（Political）环境包括法律、社会制度、政策等。不同国家有不同的政治环境，OD 要对组织所处的政治环境保持一定的警觉性。例如，国家的某个政策改变了，像社保政策或个人所得税政策改变了，组织就要快速做出调整。

2. 经济

经济（Economic）环境包括宏观经济环境和微观经济环境。宏观经济环境包括国家的收入、国内生产总值、人口数量等内容，微观经济环境包括组织所在地区消费者的偏好、收入水平、就业情况等。从宏观经济环境能够看出整个国家的经济发展状况，从微观经济环境能够看出组织当前和未来的市场状况。

常见的与经济环境相关的变量包括国内生产总值（Gross Domestic Product，GDP）、利率、汇率、通货膨胀率、货币政策、失业状况、进出口贸易状况等。

常听到"经济变化就像天气一样阴晴不定"的说法，这里的经济变化一般指微观经济环境的变化。在政局比较稳定的国家，微观经济环境的变化一般大于宏观经济环境和政治环境的变化。OD 要关注微观经济环境的变化，及时为组织设计应对策略。

例如组织所在产业的市场环境变化了，整个产业都出现了产能过剩的情况，市场上出现了大量同质化的产品，组织的订单量明显减少，此时 OD 可以向组织提出提高劳动效率或缩减组织规模的应对策略。

3. 社会

社会（Social）环境包括国家或地区居民的文化水平、风俗习惯、价值观念等。社会环境可能影响组织的运作能力和工作效率。

常见的与社会环境相关的变量包括生育率、结婚率、离婚率、出生率、死亡率、人均寿命、教育状况、购物习惯、人口变化趋势等。

OD 要关注组织所处的社会环境。例如当组织所在地区的生育率不断提高时，OD 可以在组织内做健康生育知识的宣传；当组织所在地区的结婚率开始下降时，OD 可以帮组织成员举办一些相亲活动；等等。

4. 技术

技术（Technological）环境不仅包括组织所在领域及相关领域的技术发展和进步情况，还包括所在领域及相关领域的投融资状况、政策支持状况、研发投入状况、技术商业化状况、专利保护状况等。

OD 要随时关注组织所处的技术环境的变化，了解组织所在行业的最新技术。

例如组织所在行业已经可以通过生产机器人来代替人工，一台机器人的工作效率相当于3个人的工作效率，而且机器人的工作质量更稳定、精确度更高、产品损耗率更低。机器人的成本也比较低，3个人工作一年的成本为20万元以上，而一台机器人的成本大约为10万元，其使用寿命为3~4年。机器人上岗后只需要很少的维护成本，而人的管理成本却是很高的。

在这种情况下，OD就可以协同生产部门、技术部门和财务部门一起研讨用机器人来代替人工的方案。

举例

某互联网医疗组织的部分PEST分析内容如下。

1. 政治

全国先后出台了多条政策支持互联网医疗的发展。

2021年6月，《国务院办公厅关于推动公立医院高质量发展的意见》指出，大力发展远程医疗和互联网诊疗。

2021年7月，《国家医疗保障局关于优化医保领域便民服务的意见》出台，指导和督促各统筹地区医保部门要加快完善本地区"互联网＋医疗服务"医保支付协议管理。

2. 经济

我国经济环境对互联网医疗的发展十分友好，互联网医疗的机会和前景巨大。

目前我国已建成全球最大的光纤网络、4G和5G独立组网网络。

根据京东健康的招股书和广发证券发展研究中心的数据，2019年，医药电商的线上化率仅为4.0%；而同期国内社会消费品的零售总额为41.2万亿元，线上零售额为8.5万亿元，线上的渗透率达到20.7%。由此可见，互联网医疗发展潜力大，市场广阔。

3. 社会

我国是人口大国，人口老龄化将成为我国未来长期面对的问题，医疗问题和养老问题是迫切要解决的问题。社会对互联网医疗的需求越来越大，在线医疗需求不断增加，这推动着互联网医疗产业的发展。

4. 技术

技术是互联网医疗发展的基础。互联网医疗需要的技术包括互联网技术、大数据、物联网、5G通信、人工智能、云计算等，我国在这些技术领域恰好走在世界前列。

2.2.2　外部竞争状况：五力模型分析法

五力模型是哈佛商学院教授迈克尔·波特（Michael Porter）在20世纪80年代提出的，可用于分析组织的外部竞争状况。波特教授认为，任何经济组织都受5种力量的制约。这5种力量分别是供应商的议价能力、客户的议价能力、同行业内部的竞争、新进入者的威胁和替代品的威胁，如图 2-6 所示。

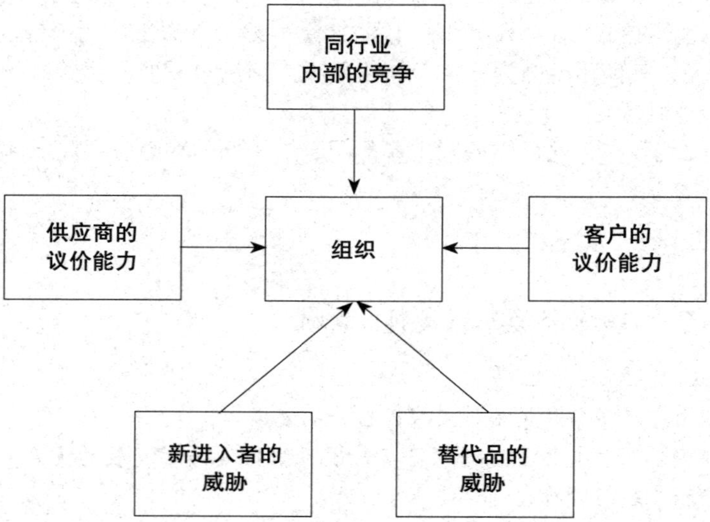

图 2-6　五力模型示意图

OD 虽然不能直接减少五力模型中 5 种力量对组织的影响，但可以借助五力模型进行分析，了解组织当前的外部竞争状况，协助组织一起制定外部竞争战略，并据此制定相应的人力资源管理策略，从组织层面做出相应调整，帮助组织提升外部竞争力。

1. 供应商的议价能力

供应商可能通过提高价格或降低单位价值的方式来影响组织的盈利能力或产品的竞争力。

例如 A 组织需要进口某种原材料 B，这种原材料 B 全国只有 3 家供应商可以提供。由于市场变化，这 3 家供应商集体提高了原材料 B 的价格，造成在其他情况不变的态势下，A 组织的利润率将降低。

A 组织如果想要保持之前的利润率，就要使用替代材料 C。然而替代材料 C 虽然比原材料 B 的价格低，但使用替代材料 C 生产的产品质量比使用原材料 B 生产的产品质量差。也就是说，要保持利润率，A 组织就要牺牲产品质量，而这会造成产品的市场竞争力降低。

OD 通过关注外部供应商的情况，能够了解组织的盈利能力变化和产品竞争力的变化，从而从组织规模、组织流程、减员增效等角度帮助组织更好地应对供应商的议价。

2. 客户的议价能力

客户可能会不断要求更低的价格，或要求更高的产品或服务质量。

例如客户购买的产品量较大，且是标准化产品，其往往会比较多家供货商的报价，期望压低产品价格；或者在同等价格的情况下，期望供货商提高产品质量。

OD 应思考：客户希望组织的人力资源管理工作如何进行？假如 A 公司是组织的大客户，此时 OD 可以思考：A 公司对组织人力资源管理的要求和期望是什么？通过这样的思考，OD 可能会发现当前组织在人力资源管理方面存在的很多问题。

3. 同行业内部的竞争

行业内部的竞争是比较常见的，几乎每个组织在所处的行业都存在竞争对手。例如，可口可乐和百事可乐之间的竞争。

OD 要关注竞争对手的动态，不仅是其经营业绩层面的情况，还包括人力资源管理方面的动态。例如，OD 发现某竞争对手的劳动效率高于组织当前的劳动效率时，就可以研究竞争对手的组织运作方式，看是否有可借鉴之处。

4. 新进入者的威胁

除了同行业内部的竞争外，行业的新进入者也可能对组织构成威胁。例如，市场上的可乐原本只有可口可乐和百事可乐两种，后来又出现了非常可乐。

OD 要关注新进入者的动态，了解新进入者的组织发展方式，取其精华，去其糟粕，为本组织的发展提供支持。

5. 替代品的威胁

组织当前提供的产品或服务虽然有需求，但这并不代表这种需求会一直存在。随着技术的发展，很多产品或服务会被替代品取代。例如，胶卷相机被数码相机取代，部分数码相机被高像素的智能手机取代。

OD 要关注市场中可能存在的替代品，了解替代品所在组织的商业模式和组织方式，协助组织高层管理者在产品更新、组织方式调整方面做出调整。

总之，OD 可以通过五力模型关注组织的外部竞争状况，在人力资源管理和组织发展层面，协助组织高层管理者做好相应的工作。

2.2.3　诊断框架：麦肯锡 7S 模型

麦肯锡 7S 模型是由战略（Strategy）、技能（Skill）、价值观（Sense of Worth）、结构（Structure）、风格（Style）、系统（System）和员工（Staff）7 个要素组成的，因为每个要素的英文首字母都为 S，所以被命名为 7S 模型。

麦肯锡 7S 模型如图 2-7 所示。

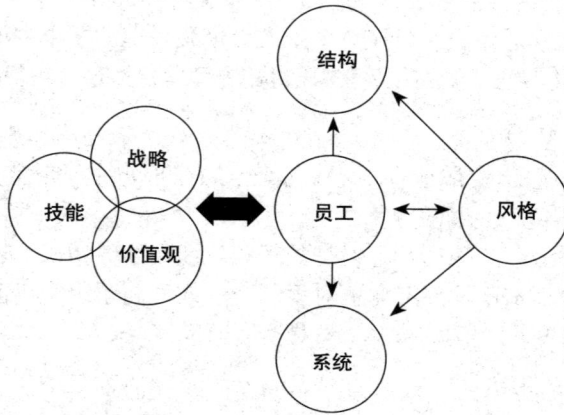

图 2-7　麦肯锡 7S 模型

麦肯锡 7S 模型是一种诊断组织问题的思考框架。该框架可以分成两个部分：第 1 个部分是组织成功的基本法则，包括战略、技能和价值观 3 个要素；第 2 个部分是支持组织成功的基本法则实现的维度，包括结构、员工、系统和风格 4 个要素。

1. 战略

战略（Strategy）是组织在市场竞争中获得成功应遵循的方向和行动路线。

2. 技能

技能（Skill）是组织获得成功需要掌握的正确方法。这里的技能主要指组织作为一个整体具备的能力，也就是组织能力，而非组织中个体的能力。

3. 价值观

价值观（Sense of Worth）指的是组织中大多数成员具有的共性想法，或某种共同的行为表现。

4. 结构

结构（Structure）是组织中成员的构成方式，包含部门 / 团队的划分、成员之间的上下级关系等。

5. 风格

风格（Style）主要指的是组织中管理者的领导风格、成员间的工作关系等。

6. 系统

系统（System）主要指组织的协同方式、每天工作的流程、遵循的制度等。

7. 员工

员工（Staff）指组织中所有的人。这些人通过在组织中扮演不同的角色，发挥不同的作用，通过共同的努力实现组织目标。

麦肯锡 7S 模型诊断问题表如表 2-7 所示。

表 2-7　麦肯锡 7S 模型诊断问题表

序号	要素	问题
1	战略（Strategy）	1. 组织的战略是什么？目标是什么？组织如何根据外部环境做出调整 2. 组织如何实现战略？如何实现目标 3. 组织如何应对竞争？如何应对环境变化 4. 组织的客户是谁？组织如何应对客户的需求变化
2	技能（Skill）	1. 组织的核心竞争力是什么 2. 组织被别人熟知的能力是什么 3. 组织是否具备实现战略和目标的能力 4. 组织是否存在技术上的缺陷
3	价值观（Sense of Worth）	1. 组织的价值观是什么 2. 组织的价值观对实现战略和目标有帮助吗 3. 组织的价值观是否深入人心 4. 组织文化是什么
4	结构（Structure）	1. 组织中的部门/团队是如何划分的 2. 组织中各部门/团队是如何协同工作的 3. 组织中的工作流程是怎样的 4. 组织中的决策权是如何划分的？层级如何
5	风格（Style）	1. 组织中管理者的风格对实现战略有何影响 2. 管理者风格的有效性如何 3. 组织中员工间的关系如何 4. 团队间的分工协作有没有真正发挥作用
6	系统（System）	1. 组织运行的制度有哪些 2. 这些制度有没有真正发挥作用 3. 如何确保这些制度得到落实 4. 如何对制度实施监管
7	员工（Staff）	1. 组织的员工数量是否充足？哪些岗位存在空缺 2. 组织的员工质量是否能满足需要 3. 组织当前的人员结构如何 4. 当前员工存在的最大问题是什么

麦肯锡 7S 模型有助于 OD 理解组织是如何运作的，并将组织中的复杂问题拆分成不同的要素进行分析，让分析结果更精准，从而能够发现组织中哪些要素存在问题，明确哪些要素是组织改进的重点。

2.2.4　诊断工具：6个盒子分析法

诊断组织机构的管理效能，可以使用一个工具——6个盒子。6个盒子，也叫6盒模型，是一个诊断组织健康状况的工具。6个盒子能够帮助OD盘点组织的现状，快速找到组织当前存在的问题，更精准、高效地解决问题。

6个盒子实际上指的就是6个维度，分别是使命与目标、结构与组织、关系与流程、奖励与激励、支持与工具、管理与领导，如图2-8所示。

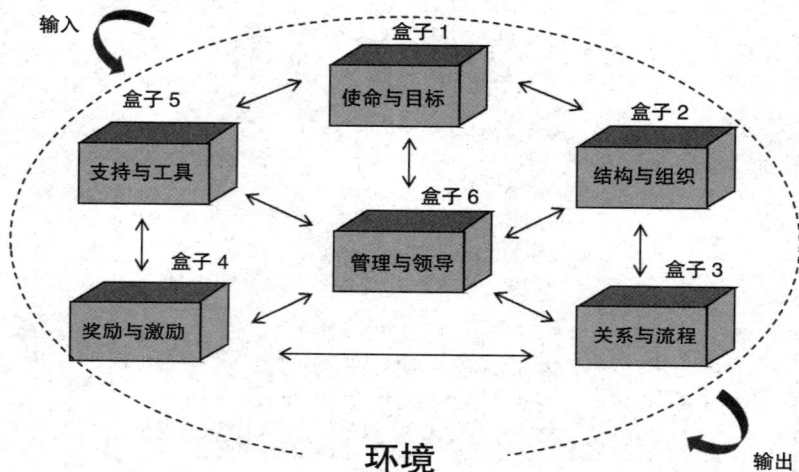

图 2-8　6 个盒子

这6个维度的含义如下。

1. 使命与目标

使命与目标研究的问题主要包含：组织是否有明确的使命与目标？员工是否清楚并理解组织的使命与目标？组织的使命与目标和组织能力是否相符？组织准备为谁创造价值？组织实际正在为谁创造价值？

2. 结构与组织

结构与组织研究的问题主要包含：组织机构是如何划分的？组织机构是否能够对组织的使命与目标起到支持作用？组织内部是如何开展分工协作与内部信息沟通的？组织内部的分工协作是否顺畅高效？

3. 关系与流程

关系与流程研究的问题主要包含：组织内部各业务部门之间的关系如何？是否存在流程上的矛盾或问题？当前的流程是否存在冗余？内部流程运行的效率如何？是否存在内部关系或流程上不必要的耗损？

4. 奖励与激励

奖励与激励研究的问题主要包含：组织当前的奖励或激励是否及时？当前的奖励或激励是否能够支持员工的工作任务和工作目标完成情况达到预期？当前的奖励或激励能否有效地激发员工采取组织想要见到的行动？

5. 支持与工具

支持与工具研究的问题主要包含：组织是否存在支持自身发展的系统？员工能够获取的工具是否简单有效？员工能不能快速获得完成工作需要的资源？

6. 管理与领导

管理与领导研究的问题主要包含：组织是否存在能够随时衡量其他5个盒子问题的管理系统？管理者是否能及时发现异常并采取有效的行动？

应用6个盒子时要注意以下4点。

（1）平等性。6个盒子之间不存在谁比谁更高级的问题，它们都非常重要。

（2）关联性。6个盒子之间存在一定的关联性，有的盒子中的问题源于其他盒子中的问题。

（3）共同性。6个盒子工具要一起应用，单独运用其中几个盒子将不能产生效果。

（4）应用性。要想让6个盒子成为管理者探讨组织问题的语言，则需要在工作中经常运用。

应用6个盒子工具时，有3类关键问题。

（1）What。6个盒子应该在什么情况下应用？

① 可以在诊断当前组织的问题时应用。

② 可以在梳理或盘点组织现状时应用。

③ 可以在对新团队实施摸底时应用。

④ 可以在调整组织机构时应用。

（2）Who。6个盒子应该由谁来应用？

6个盒子可以由OD应用，也可以由组织的中高层管理者应用。如果不是比较深入地了解业务情况，OD最好不要单独应用6个盒子，可以和相关业务部门的中高层管理者一起应用。组织的中高层管理者对6个盒子的应用，也是对自身能力的锻炼。

（3）How。6个盒子应该怎么用？

6个盒子既可以作为一种组织诊断和盘点的工具，也可以作为一种就组织问题进行沟通的工具。6个盒子可以帮助人们建立全面的组织视角，让人们在共同的蓝图下审视组织，用共同的思维和语言讨论组织问题。

应用6个盒子时，应注意避开以下三大误区。

（1）当成万能钥匙。有的人把6个盒子当成解决一切组织问题的万能钥匙，其实6个盒子并不能解决组织层面的全部问题。组织诊断时除了这6个维度外，也不能忽略组织中别的可能出现问题的维度。

（2）忘记发展变化。有的人常忘记组织的问题是不断发展变化的，当用6个盒子做出诊断之后，不代表一段时间之后的问题还是那些问题。6个盒子要在当下讨论运用。

（3）忽略因果关系。有的人孤立地看待6个盒子，就某个问题只在单个盒子中讨论。实际上，6个盒子之间存在一定的因果关系，有的问题之所以产生是因为其他盒子中的问题，应当把6个盒子关联起来看。

2.2.5 组织能力：杨三角分析法

要诊断组织能力，可以运用杨三角分析法。杨三角分析法是杨国安老师提出的。杨三角分析法认为，当组织的战略确定之后，组织成功与否与组织能力有非常重要的关系。

杨三角分析法将组织能力分成3个层面，分别是员工思维模式（愿不愿意做？）、员工治理方式（组织容不容许员工做？）和员工能力（会不会做？），如图2-9所示。

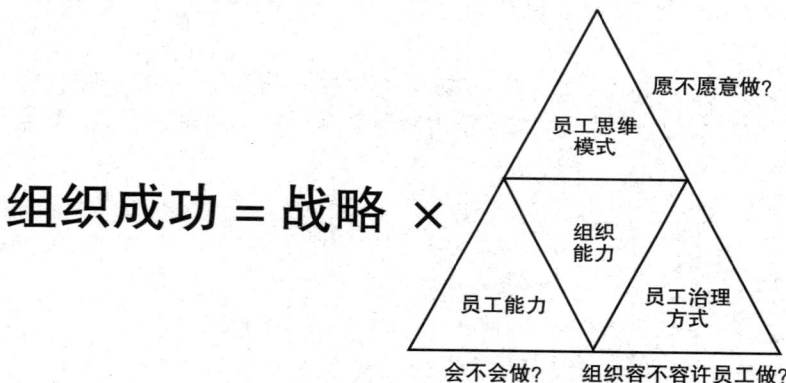

$$组织成功 = 战略 \times$$

愿不愿意做？

员工思维模式

组织能力

员工能力　　员工治理方式

会不会做？　　组织容不容许员工做？

图 2-9　杨三角分析法

1. 员工思维模式

员工思维模式决定了员工愿不愿意做。有时候员工能力很强，组织也为员工做好工作提供了资源，但员工不愿意做，俗话说的"有劲不愿使"就是这种状态。员工的价值观、动机、需求等影响着员工思维模式。

要诊断组织在员工思维模式层面是否存在问题，可以思考如下问题。

（1）员工的价值观如何？

（2）员工的思维模式如何？

（3）组织有建立和落实期望价值观的方法吗？

如果发现员工思维模式出了问题，可以视情况考虑从组织高层管理者的行为、员工激励计划、绩效管理、员工敬业度调查、员工满意度调查、客户满意度调查等方面来实施改善。

2. 员工治理方式

员工治理方式决定了员工可不可以做，或者说组织容不容许员工做。有时候员工很想做，也具备做好的能力，但员工受限于流程制度、汇报关系、工作权限等，不可以做，俗话说的"看着干着急"就是这种状态。

要诊断组织在员工治理方式层面是否存在问题，可以思考如下问题。

（1）当前的组织机构能否支撑战略？

（2）组织的流程制度是否需要优化？

（3）组织的关键业务流程是否足够简单？

（4）组织内的信息交流和沟通渠道是否通畅？

（5）组织为员工提供的资源和支持是否足够？

（6）组织有没有给员工足够大的舞台？

如果发现员工治理方式出了问题，可以从组织机构变化、流程梳理、客户管理、知识管理等方面来实施改善。

3. 员工能力

员工能力决定了员工有没有能力做。有时候员工想做，组织也给员工做好工作提供了资源，但奈何员工因知识、素质或技能水平有限，总是做不好，俗话说的"爱莫能助"就是这种状态。

要诊断组织在员工能力层面是否存在问题，可以思考如下问题。

（1）组织需要员工具备什么样的能力？

（2）员工具备组织实现战略目标需要的能力吗？

（3）组织是如何引进、培养和保留人才的？

（4）当员工能力不达标时，组织是如何做的？

如果发现员工能力出了问题，可以从岗位胜任力模型建设、导师制、人才培养计划、人才梯队建设、员工引入机制、员工培养和淘汰机制等方面来实施改善。

> **案例**
>
> 国内某大型火锅餐饮连锁品牌 H 公司以服务著称。H 公司的发展壮大与其组织能力强有较深刻的联系。
>
> ### 1. 员工思维模式
>
> H 公司强调把员工当家人。
>
> H 公司的主要创始人说："我觉得人心都是肉长的，你对人家好，人家也就对你好。只要想办法让员工把公司当成家，员工就会把心放在顾客身上。"
>
> H 公司奉行员工也是顾客的理念，服务好员工，也是服务好顾客，因此 H 公司非常关注员工的衣食住行。例如，H 公司给员工租住的房间有空调和暖气，员工的人均居住面积不小于 6 平方米。不仅如此，员工可以在 20 分钟内从宿舍步行至工作地点。

H公司强调用双手改变命运。只要用心努力工作，任何员工都可以在H公司获得职业上的发展和薪酬上的提升。

H公司一系列对员工的关怀措施，让员工思维模式符合H公司的价值观，也让员工主动自发地想要做好工作。

2. 员工治理方式

H公司通过标准化的流程和制度，保证内部管理和顾客服务的有效性；通过扁平化的组织机构设计，让内部的管理关系变得简单；给予了员工充足的权限，保证员工能够为顾客提供个性化的服务。

3. 员工能力

为保证员工能力达标，H公司建立了自己的企业学堂，拥有完善的人才培养机制；通过师带徒机制，让员工能力不断提升。

2.3 组织文化工具与方法论

好的组织文化对组织的健康长远发展起着积极正面的促进作用。OD 要协助组织建立和落实组织文化。为此，OD 要能够清晰地认知组织文化，精准地诊断组织文化，有效地评估组织文化。

2.3.1 文化认知：沙因组织文化的 3 个层次

要认知组织文化，可以运用沙因组织文化的 3 个层次。沙因组织文化 3 层次模型是由美国麻省理工学院斯隆商学院教授埃德加·沙因（Edgar Schein）提出的。埃德加·沙因在组织文化研究领域颇有威望，"组织文化"这个词公认由埃德加·沙因提出。

沙因率先提出了组织文化的概念。在《组织文化与领导力》（*Organizational Culture and Leadership*）一书中，沙因将组织文化定义为：由特定群体在处理外部适应与内部聚合问题的过程中发明、发现或发展出来的一种基本假设的模型；其由于运作效果好而被认可，并被传授给组织新成员以作为理解、思考和感受相关问题的正确方式。

沙因将组织文化分成 3 个层次，如图 2-10 所示。

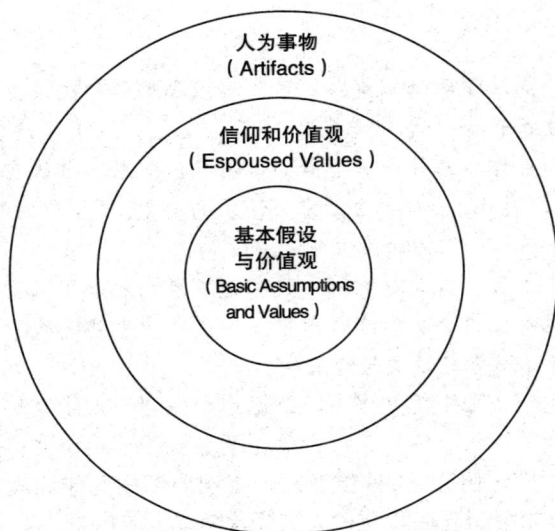

图 2-10　沙因组织文化的 3 个层次

1. 人为事物

人为事物（Artifacts）是组织文化的表层，指的是组织文化显性的、表层的、看得见的、摸得着的、可感知的且容易被观察到的行为、流程、物品、环境、组织机构等。处在这个层面的组织文化虽然可以被观察到，但却可能不容易被理解。

2. 信仰和价值观

信仰和价值观（Espoused Values）是组织文化的中间层，指的是组织的战略目标、理想抱负、意识形态等。信仰和价值观可能与人为事物一致，也可能不一致。这个层面可以理解为组织的一种哲学，处在这个层面的组织文化是一种"应该"，而不是"实际"。

组织成员的信仰和价值观并不是完全一致的，很多可以被看作组织文化的信仰和价值观，实际上是经过较长时间的磨合后形成的。然而就算组织经过一段时间的磨合形成了共同的信仰和价值观，也并不是每个组织成员的行为都符合这一信仰和价值观。

3. 基本假设与价值观

基本假设与价值观（Basic Assumptions and Values）是组织文化的最底层，指的是那些无意识的、不易被探寻到的、被组织成员视为理所当然的信念、信仰或价值观，这是决定组织成员思想、感知、情感和行为的底层逻辑。这一层的重点在基本假设（Basic Assumptions）。

这一层的基本假设和上一层的价值观之间有什么不同呢？

基本假设是人行动的底层编码，是人们认为理所当然的认知，是产生某种行动的原因。基本假设是真正无意识的，而上一层中的价值观是有意识的。

案例

某组织强调节俭，从组织的制度、流程、标语和很多组织成员的日常行动中，都能看到组织在尽力做到节俭。这是组织文化的第1层——人为事物。

新员工张三入职后体会到并认可节俭的价值导向，深知自己应该在组织中注意节俭。但因为张三成长环境优渥，日常生活中习惯了高消费，不少行为短时间内难以改变。这是组织文化的第2层——信仰和价值观。

在组织中工作3年后，张三每次打印时都会不自觉地采用双面打印，而且也和同事一样在努力践行无纸化办公。渐渐地，张三在生活中也尽量减少无意义的消费。这是组织文化的第3层——基本假设与价值观。

沙因认为，研究和认知组织文化不能蜻蜓点水，要深入研究其内在逻辑，也就是不能只看到一些表面的标语、口号、行为等，要深入了解组织文化最底层的基本假设与价值观。通过组织文化研究，OD能够发现组织内部的运作原理，能够解释一些难以理解的现象，能够为组织高层管理者提供经营管理上的指导。

组织文化是如何形成的呢？

沙因认为，组织文化是组织在解决内部或外部问题的过程中，通过不断积累经验，逐渐形成某种思想共识，从而产生的共同的世界观。这种世界观影响着组织成员的共同行为。在认知组织文化时，通常应按照由表层到底层的顺序逐渐深入挖掘。

组织文化既有可感知的部分，也有不可感知的部分。组织中有很多无意识的行为，这些行为在外人看来也许难以理解，但在组织内部却被认为是理所当然的。这些无意识的行为正是来源于组织内部的信仰、价值观和基本假设，这也正是OD需要深入了解和认知的。

2.3.2　文化诊断：丹尼森组织文化模型

诊断组织文化可以运用丹尼森组织文化模型。丹尼森组织文化模型是由瑞士洛桑国际管理学院的著名教授丹尼尔·丹尼森（Daniel Denison）在以1000多家公司和4万多名员工为样本，经过长达15年研究的基础上提出的。

丹尼森组织文化模型将影响组织经营发展的文化特征归结为4种，分别是适应性（Adaptability）、使命（Mission）、一致性（Consistency）与参与性（Involvement）。其中每种特征又可以分成3个维度，如图2-11所示。

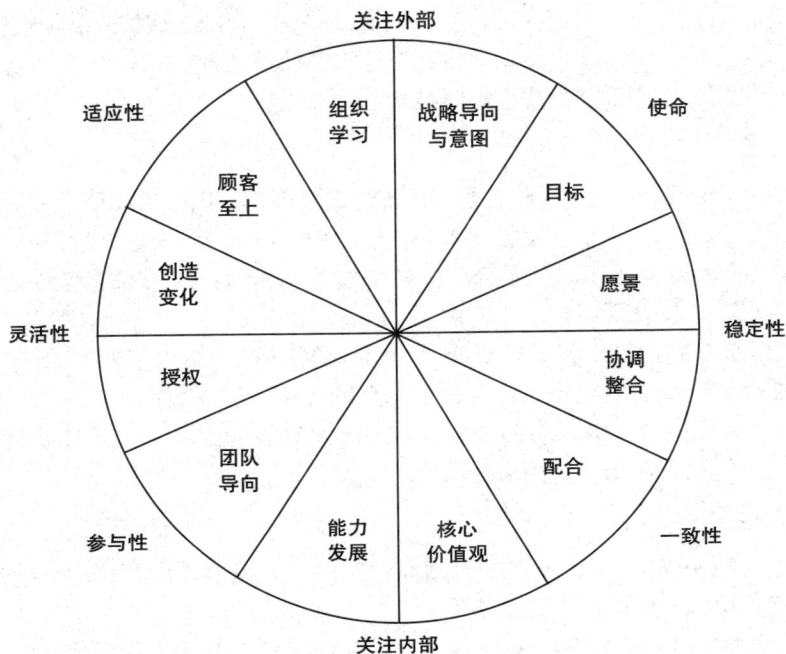

图 2-11 丹尼森组织文化模型示意图

1. 适应性

适应性（Adaptability）反映的是组织对外部环境的适应能力，包括对市场变化、顾客变化等信号的捕捉速度和反应速度。诊断组织文化的适应性，可以从以下 3 个维度入手。

（1）创造变化：组织是否保持着足够的创新和变化速度？组织应对变化的态度如何？组织是否惧怕变化带来的风险？组织对外部环境的变化是否敏感？

（2）顾客至上：组织是否了解自己的顾客？组织是否以顾客的需求为导向？组织是否善于从顾客的角度思考问题？组织是否能做到令顾客满意？组织能否预料到顾客未来的需求？

（3）组织学习：组织能否通过捕捉外部环境的变化来学习？组织根据外部环境变化学习新知识的意愿如何？组织通过学习发展新竞争力的能力如何？

2. 使命

使命（Mission）反映的是组织长远发展的方向，可以理解为组织未来想做什么，想拥有怎样的状态，想产生多大的影响。诊断组织文化的使命，可以从以下 3 个维度入手。

（1）战略导向与意图：组织是否有清晰明确的战略？员工是否知道如何为组织实现战略而付出？组织期望在本行业中占据什么样的地位？组织是否拥有发展蓝图？

（2）目标：组织是否具备承载战略的目标？组织的目标是否清晰、明确且有效？

组织的目标能否指导员工的实际工作？组织的目标是否来源于战略、愿景或使命？

（3）愿景：组织未来的长久发展是否有明确期望达成的状态？员工能否就组织的愿景达成共识？组织的愿景是否能够被全体员工理解？

3. 一致性

一致性（Consistency）反映的是组织内部的凝聚力、向心力和认同感。诊断组织文化的一致性，可以从以下3个维度入手。

（1）协调整合：组织内部各部门间的协作关系如何？部门间的沟通是否顺畅？部门间的合作是否存在障碍？

（2）配合：组织管理者是否有能力让组织员工相互配合？组织员工在一些关键问题上能否达成一致？组织员工之间是否能就实现目标达成合作？

（3）核心价值观：组织内部是否具备共同的价值观？组织员工对组织的价值观是否认同？组织员工对未来是否抱有明确的期望？

4. 参与性

参与性（Involvement）反映的是组织员工的主人翁意识和责任感。诊断组织文化的参与性，可以从以下3个维度入手。

（1）能力发展：组织是否愿意培养员工？组织是否鼓励员工发展？组织是否为员工的学习成长提供了足够的资源？组织是否愿意为员工的成长长期投入？

（2）团队导向：员工与团队的关系如何？组织的团队氛围如何？团队中的员工是否愿意通力协作？团队成员是否有共同的目标？

（3）授权：组织是否鼓励员工承担更大的责任？员工是否具备一定的自主性？员工能否被授予更大的责任？员工的主人翁意识如何？员工的工作积极性如何？

2.3.3 文化评估：奎因的组织文化评估量表

评估组织文化可以运用奎因的组织文化评估量表。美国密歇根大学商学院的罗伯特·奎因（Robert Quinn）教授和凯斯西储大学商学院的金·卡梅伦（Kim Cameron）在长期研究组织文化的基础上，开发出来的组织文化评估量表（Organizational Culture Assessment Instrument，OCAI）可以专门用来做组织文化的评估。

组织文化评估量表（OCAI）按照更偏重内部或外部的差异和更偏重灵活自主与过程控制的差异，将组织文化分成4种类型，如图2-12所示。

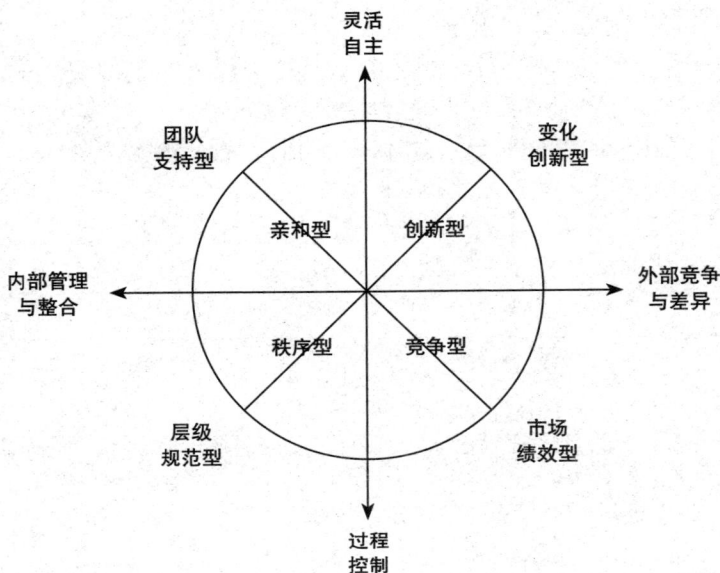

图 2-12　组织文化评估量表（OCAI）对组织文化的分类

1. 团队支持型

团队支持型的组织文化常见于一些家族式的公司或拥有终身雇佣文化地区的公司。这类组织文化通常具备如下特点。

（1）组织关心员工，氛围友善；团队共享工作成果，就像是一个大家庭。

（2）组织强调忠诚，强调对人的重视，希望成员自觉承担责任。

（3）强调人才培养与发展，善于增强凝聚力和士气的管理者会被认为是好的管理者。

2. 变化创新型

变化创新型的组织文化常见于一些产品或技术驱动的高新技术公司。这类组织文化通常具备如下特点。

（1）组织追求创新和变化，追求行业领先地位，追求创造出新的产品或服务。

（2）组织中的很多事是动态变化的，成员不喜欢因循守旧，强调创新意识和创造力。

（3）敢于冒险，能够带领团队创新的管理者会被认为是好的管理者。

3. 市场绩效型

市场绩效型的组织文化常见于一些快速发展的初创公司或一些市场地位下降寻求改变的老牌大型公司。这类组织文化通常具备如下特点。

（1）组织成员以目标和结果为导向，以完成任务为核心。

（2）组织的长期目标是赢得市场竞争，期望提高市场占有率和渗透率。

（3）较强势、具有市场意识和竞争意识的管理者会被认为是好的管理者。

4.层级规范型

层级规范型的组织文化在强调标准化的大型连锁餐饮公司和强调规范化的大型生产类公司中比较常见。这类组织文化通常具备如下特点。

（1）成员有比较严格的等级划分，大家都按照流程、制度等做事。

（2）更强调组织的稳定、高效和顺畅运转。

（3）善于协调、强调高效的管理者会被认为是好的管理者。

组织文化评估量表（OCAI）如表2-8所示。

表2-8 组织文化评估量表（OCAI）

1. 主要特征	当前得分	期望得分
A.组织就像一个大家庭，比较人性化，成员间愿意分享很多事		
B.组织具备比较强的活力和开拓精神，成员愿意冒险和承担责任		
C.组织注重成果，关注工作完成情况，成员能力较强且普遍以成就为导向		
D.组织机构化特征明显，管控严格，成员按照规则做事		
总计	100分	100分
2. 组织领导	**当前得分**	**期望得分**
A.组织高层管理者能够起到推动者、培育者和导师的作用		
B.组织高层管理者具备冒险精神，勇于创新和创业		
C.组织讲究成果、积极进取		
D.组织高层管理者能够合理协调组织成员工作和保证组织平滑运作		
总计	100分	100分
3. 员工管理	**当前得分**	**期望得分**
A.组织内以团队合作、协商一致和强调参与为主		
B.组织强调个人要承担风险、崇尚自由、勇于创新，做到与众不同		
C.组织强调高竞争、高标准和高成就		
D.组织强调成员间关系的一致性、稳定性和可预期性，确保成员有安全感		
总计	100分	100分
4. 组织凝聚	**当前得分**	**期望得分**
A.组织的凝聚力来自成员的相互信任、忠诚		
B.成员靠创新和发展结合在一起，并确保组织具有先进性和前沿性		
C.成员因为成就和目标联系在一起，致力于取得胜利和进取		

续表

D. 成员协作主要依靠制度和规范，通过流程保持组织的顺畅运转		
总计	100分	100分
5. 战略重点	**当前得分**	**期望得分**
A. 组织重视人才发展，保持高度信任、开放和参与的用人环境		
B. 组织重视获取新资源和迎接新挑战，鼓励寻找机会和尝试新事物		
C. 组织强调竞争和成就，注重达成更高的目标，看重在市场中的成绩		
D. 组织重视经营稳定，强调可持续性、可控性、效率和平稳运营		
总计	100分	100分
6. 成功标准	**当前得分**	**期望得分**
A. 组织以人力资源开发、团队协作、员工关怀与投入程度来界定成功		
B. 组织视拥有最新或独特的产品，成为某领域创新者或领导者为成功		
C. 组织视赢得市场份额，超过竞争对手，做到市场领先为成功		
D. 组织视高效率、可靠、平稳流畅和低成本为成功		
总计	100分	100分

　　组织文化评估量表分成 6 个部分，每个部分有 4 道题目。每个部分的当前得分和期望得分的总分均为 100 分。测评人可以视组织情况，在每个部分给每道题目打分，但要保证每个部分 4 道题目的得分之和为 100 分。

　　例如，在"3. 员工管理"这个部分的当前得分中，给 A 打 10 分，B 打 20 分，C 打 30 分，D 打 40 分。打分时没有对错之分，具体打多少分，需要测评人根据题目的描述和组织的实际情况判断。

　　当 6 个部分全部打完分数后，将 6 个部分 A、B、C、D 对应题目的分数相加，除以 6，得到平均分。

　　例如"1. 主要特征"中的 A 得分为 20 分，"2. 组织领导"中的 A 得分为 10 分，"3. 员工管理"中的 A 得分为 30 分，"4. 组织凝聚"中的 A 得分为 10 分，"5. 战略重点"中的 A 得分为 10 分，"6. 成功标准"中的 A 得分为 20 分，则 A 的最终平均得分为（20+10+30+10+10+20）÷6 ≈ 16.7 分。

　　A 代表组织文化偏向团队支持型的分数，B 代表组织文化偏向变化创新型的分数，C 代表组织文化偏向市场绩效型的分数，D 代表组织文化偏向层级规范型的分数。统计组织在 A、B、C、D4 个维度的分数后，可将结果填入表 2-9 所示的组织文化评估结果表。

表2-9 组织文化评估结果表

当前状况		期望状况	
类别	分数	类别	分数
A（团队支持型）		A（团队支持型）	
B（变化创新型）		B（变化创新型）	
C（市场绩效型）		C（市场绩效型）	
D（层级规范型）		D（层级规范型）	
总分		总分	

在A、B、C、D某项上的分数越高，代表组织文化越偏向该维度。组织文化类型没有好坏之分，只有合适或不合适。合适的组织文化更有利于组织发展。如果某组织是强调产品或技术领先的高新技术公司，但组织文化却更偏向层级规范型，变化创新维度的分数较低，其组织文化就会被认为不合适，可能需要做出一定调整。

🔍 疑难问题
如何用数据诊断人力资源工作模块质量

不论是组织内部的人力资源管理人员对自身的人力资源管理工作进行评判和规划，还是外部的管理咨询顾问对组织的人力资源管理工作进行诊断，都免不了要回答一些问题：组织当前的人力资源管理工作哪里做得好，哪里做得不好？接下来的工作重心应放在哪里？

这些问题看起来很容易回答，似乎只要找到组织的人力资源管理工作哪里做得相对比较差，然后把比较差的那部分工作模块纳入接下来的人力资源管理工作改善规划并作为工作重心就可以了，实则不然。

因为任何管理工作的改善都需要付出人力和时间等成本。假如有多项人力资源管理工作待改善，把这些工作全部做好需要付出的成本通常是巨大的，而且因为资源有限，重要程度不同，改善这些工作通常是要排出优先级的。

因此在实务中，组织不仅要诊断出人力资源管理工作的质量，找出有哪些工作待改善，而且要评判这些待改善工作的重要性，排出优先级，并根据当前的资源情况制订人力资源管理工作改善规划。

具体怎么做呢？

1. 划分模块

人力资源管理工作可以划分成很多模块。具体操作时，最好不要简单地按照传统理论定义的六大模块来划分，而应当按照人力资源管理的实务需求和实际情况来划分。

例如可以将人力资源管理工作模块分成岗位管理、能力管理、人力规划、组织机构、人才招募、人才吸引、人才测评、人才选拔、人才入职、人才盘点、人才离职、人才培养、职业规划、考勤管理、薪酬管理、福利管理、人才激励、绩效管理、员工关系、法务管理、企业文化、流程制度、数据分析和成本管控24个模块。

这样按照实务需求和实际情况划分的好处是在诊断出薄弱环节后，工作方向更加明确，工作范围相对较小，针对性更强，目标更加聚焦。

2. 赋值评判

对于单一的工作模块来说，既要有工作质量的评判，又要有重要程度的评判，而且两种评判不能只看其一，要将二者放在一起赋值量化，才能做出判断。

评判每个人力资源管理工作模块的工作质量，可以用有效性指标。所谓有效性指标，就是判断该人力资源管理工作模块当前有没有为组织充分发挥其应有的作用，在多大程度上发挥了作用，还有什么该发挥的作用没有发挥出来。

评判每个人力资源管理工作模块的重要程度，可以用重要性指标。所谓重要性指标，就是判断该人力资源管理工作模块对组织的价值有多大，在组织中的地位如何，如果缺少该模块对组织的负面影响有多大。

要度量有效性和重要性，需要对其赋值，例如可以按照1~5分对其赋值（5分代表程度最高，1分代表程度最低），从而为不同的人力资源管理工作模块打分。

谁来打分呢？为避免主观性，可以成立人力资源管理工作质量诊断小组，由组织高层管理者、人力资源部门高层管理者和部分业务部门人员组成。小组成员可以设置5~7位，取小组所有成员打分的平均值作为最终得分。

为了拉开不同工作模块之间的差距，避免出现很多模块的得分相近的情况，可以采取强制降序打分的方法，让每个模块在每个维度上的分数都尽可能不同。

例如在重要性指标上，张三认为岗位管理模块最重要，能力管理模块次之，则应当给岗位管理模块打5分，给能力管理模块打4.9分。假如张三认为岗位管理和能力管理两个模块对企业来说都是最重要的，但又不能都打5分，此时就要强制排出谁最重要，谁次要。

成立人力资源管理工作质量诊断小组后，小组成员采取强制降序打分的方法操作，最后算出平均值；也可以按照平均值强制排序，对数值做平滑处理，让分数形成梯队差异。

例如，在有效性指标上，岗位管理模块的分数是最高的，得分为4.51，能力管理模块的分数次之，得分为4.46，这时候可以把岗位管理模块的最终有效性分数设置为4.5，把能力管理模块的最终有效性分数设置为4.4。

当两个模块在某个维度上的得分十分接近时，可以将这两个模块的最终有效性分数设置为相同数值。但为了保持不同模块间的数值差异，应尽量避免出现这种情况。

3. 比较参数

经过划分模块和赋值评判两个步骤后，将会得到不同人力资源管理工作模块有效性和重要性的量化数值。但只有这两个数值还无法直接判断出不同模块的优先级，需要将有效性和重要性的量化数值通过某种方式合并在一起。

此时可以引入比较参数，计算公式如下。

比较参数 = ［1-（有效性量化数值 ÷ 重要性量化数值）］×100%。

例如，某组织对人力资源管理工作模块比较参数的计算结果如表2-10所示。

表2-10　某组织对人力资源管理工作模块比较参数计算结果

人力资源管理工作模块	有效性量化数值	重要性量化数值	比较参数（约数）
岗位管理	3.2	4.8	33%
能力管理	2.6	4.7	45%
人力规划	2.8	5	44%
组织机构	3.5	4.9	29%
人才招募	4	4.1	2%
人才吸引	3.5	3.3	-6%
人才测评	3.8	3.2	-19%
人才选拔	4.1	3.1	-32%
人才入职	4.5	2.7	-67%
人才盘点	3.7	3	-23%
人才离职	3.8	2.8	-36%
人才培养	4.1	4	-3%
职业规划	3.9	3.5	-11%
考勤管理	4.7	2.9	-62%
薪酬管理	3.8	4.4	14%
福利管理	3.7	4.3	14%
人才激励	3.5	4.6	24%
绩效管理	3.8	4.5	16%
员工关系	4.4	3.8	-16%
法务管理	4.6	3.4	-35%
企业文化	4.1	4.2	2%
流程制度	4.2	3.6	-17%
数据分析	3.1	3.9	21%
成本管控	3.5	3.7	5%

由表 2-10 中不同的人力资源管理工作模块和比较参数转化而成的图形如图 2-13 所示。

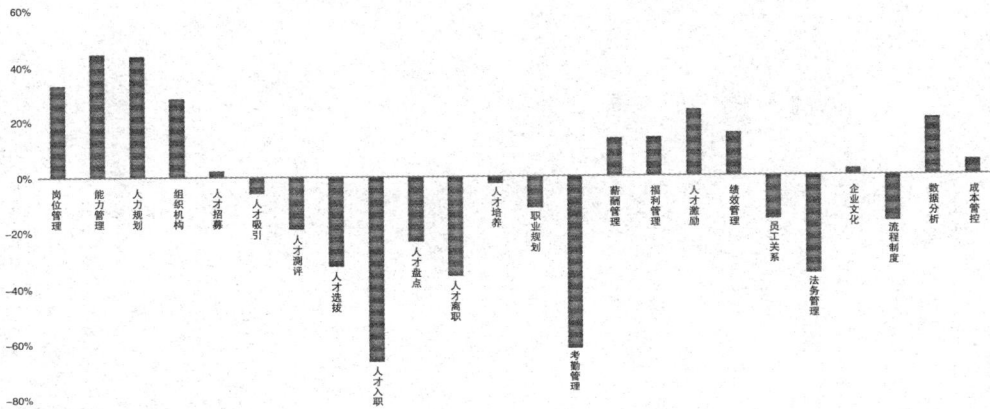

图 2-13　某组织人力资源管理工作模块比较参数图

比较参数的数值（非绝对值）越大，代表该工作模块的优先级越高，越应当优先规划，越应该把主要资源和工作重心放在这里；比较参数的数值越小，代表该工作模块的优先级越低，越不必重点关注。

从图 2-13 中可以看出，该组织最应当优先规划和改善的 3 个人力资源管理工作模块分别是能力管理、人力规划和岗位管理。该组织在制定人力资源管理工作规划时，可以将这 3 个模块作为下一步的工作重心，围绕这 3 个模块开展工作。

第3章

组织机构

组织机构既决定了组织的运作模式，又决定了组织成员间的协作方式。OD 要根据组织的商业模式、业务情况、组织文化、协作习惯等要素，协助组织高层管理者设计适合组织长期发展的组织机构。

3.1　组织机构类型

常见的组织机构类型包括职能型、事业部型或超事业部型、矩阵型、多维立体型、模拟分权型、流程型、网络型和阿米巴。这些组织机构类型各有优缺点和适用性。OD在优化组织机构时，应当根据各组织机构的特点，选择能最大化组织效率和收益、最小化成本和风险的组织机构类型。

3.1.1　分工明确：职能型组织机构

职能型组织机构是比较简单、比较传统的组织机构类型，在中国各类组织中被广泛应用。这种组织机构采取自上而下的纵向管理关系，将组织按照职能划分成不同的部门，各部门各司其职、分工协作，最终达成组织目标。

职能型组织机构如图3-1所示。

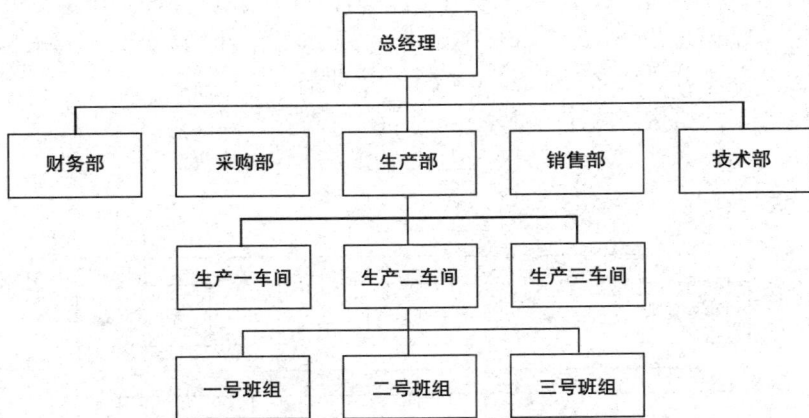

图3-1　职能型组织机构

职能型组织机构是人类有组织以来很早就开始应用的组织机构类型。在标新立异、讲究创新的当下，很多人对职能型组织机构感到不屑，认为这种组织机构类型已经"过时"了，不能满足当今快速变化的市场环境的需要，也不能满足一些新型商业模式的需要。

实际上，判断一种组织机构类型是否有效，首先要考虑的是该组织机构类型是否能满足组织的需要，而不是一味追求新奇。如果一种组织机构类型只是新奇，但不能解决问题，则不能称之为有效；就算类型传统，但只要满足组织需要，也是有效的组织机构类型。

任何组织机构类型都有优缺点，没有完美的组织机构类型，只有适合组织和不适合组织的组织机构类型。

职能型组织机构的优点包括如下内容。

（1）组织结构简单，分工比较明确。

（2）权责划分比较清楚，便于部门和员工开展工作。

（3）自上而下的管理成本相对较低，高低层级之间的管理关系比较直接和确定。

但是，职能型组织机构比较容易在沟通、组织、协调和相互配合方面出问题，具体表现为如下内容。

（1）因为这种组织机构类型采取的是纵向管理关系，所以各部门之间的横向配合容易出现问题。

（2）运行过程中可能会过分强调各部门间的专业分工，忽略部门间的融合统一。

（3）各个部门之间的沟通可能会缺乏弹性。

（4）组织达到一定规模后，可能由于集权而造成沟通不畅。

3.1.2　权力下放：事业部型或超事业部型组织机构

事业部型或超事业部型组织机构以前在欧美大公司中被广泛应用，现在在中国的大型制造业公司中也应用得非常广泛，已经成为比较常见的组织机构类型。这种组织机构类型是在职能型组织机构逻辑的基础上，根据地区、市场、产品或顾客的相近性等属性，将组织划分成独立责任的部门或多个事业部。

事业部型组织机构如图3-2所示。

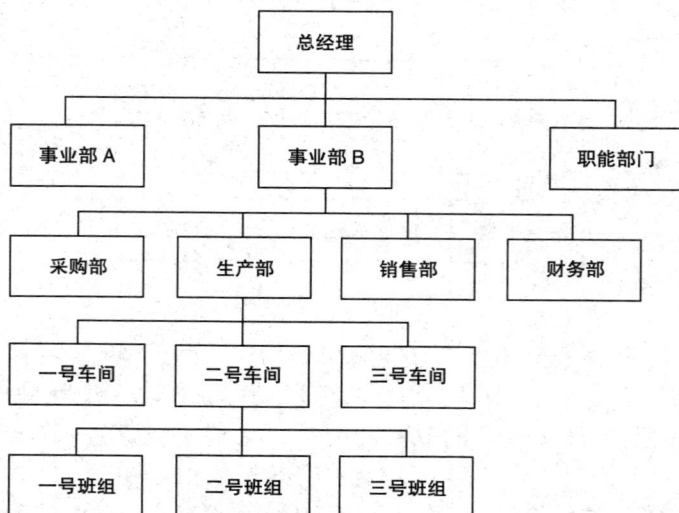

图3-2　事业部型组织机构

超事业部型组织机构如图 3-3 所示。

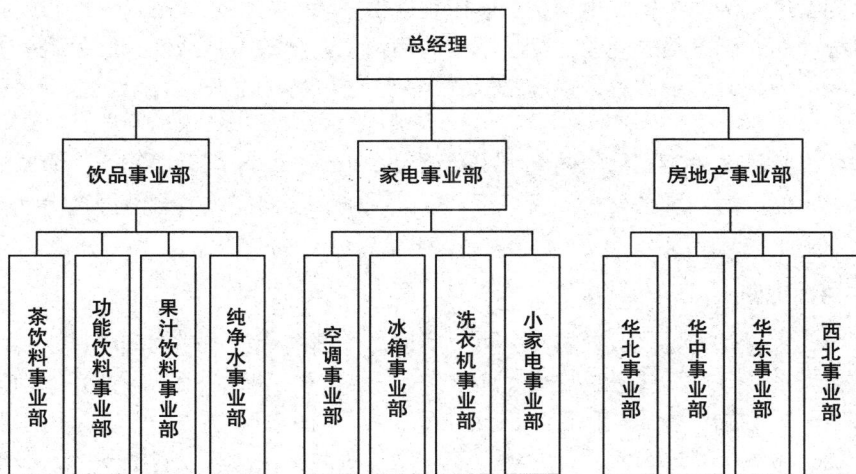

图 3-3　超事业部型组织机构

在事业部型或超事业部型组织机构当中，各个事业部通常是独立经营、独立核算的，具有一定的自主权。各事业部的负责人对本事业部的生产、销售、管理、业绩等负责。组织高层管理者对事业部下达任务目标或绩效指标，保留对事业部的财务控制权、人事任免权及其他职能相关的监督和控制权。

事业部型或超事业部型组织机构的优点包括如下内容。

（1）组织的灵活性和适应性更强。

（2）权力下放，组织高层管理者能够从日常管理工作中解放出来。

（3）对权责利的分工相对比较明确。

（4）通常能保证组织有比较稳定的业绩收入。

（5）因为权力下放，各事业部独立经营，有助于培养整个组织管理团队的储备干部。

其实，事业部型或超事业部型组织机构也是一种超职能型组织机构。这种组织机构的缺点和职能型组织机构非常类似，具体内容如下。

（1）因为管理机构的复杂性，横向与纵向的沟通与协调工作只会更加复杂。

（2）这种组织需要的管理机构比较多，管理成本较高。

（3）需要的管理人员比较多，对管理人员的素质要求也比较高。

（4）如果管控不到位，有可能会架空组织高层管理者，让组织对事业部失去控制。

（5）因为一些产品或市场的原因，各事业部之间可能会存在竞争，产生内耗，而且这种内耗有时候因为存在利益纠葛，组织总部很难协调。

在传统纵向管理型组织机构中，往往组织机构越庞大，管理效率越低，这也许是"层级制"发展到一定程度和规模后必然产生的后果。纵向管理型组织机构的共性问题包括两类。

1. 效率问题

纵向管理型组织机构的规模达到一定程度后，由于有权限问题、责任归属问题、做事流程问题、制度要求问题，原本正常的运营可能会缺乏灵活性，使得组织的运转缺乏应变能力，让管理效率变得非常低。因为上述问题的存在，管理成本将会变得非常高。

例如，某跨国公司某部门的文案中写错了一个字，本来只需要做一个简单的修改就可以了，但因为该跨国公司等级森严、权限明确，任何修改都必须经过审批，结果修改一个字，耗时一周。

2. 目标扭曲

组织的大目标经过逐级分解后，可以变成每个部门或每个岗位的小目标；可这些小目标加起来，却并不一定能构成大目标。美国经济学家保罗·A. 塞缪尔森（Paul A. Samuelson）曾提出"合成谬误"（Fallacy of Composition）概念，就是用来形容这种现象的：微观上对的东西，在宏观上不一定是对的；在宏观上对的东西，在微观上可能是错误的。

例如，组织都希望又好又快地发展，因此在制定发展目标和总目标的时候，会按照这个概念来制定；但具体到某个岗位，岗位员工可能会为了个人短期收益，造成寅吃卯粮、恶性竞争、透支未来的情况。

3.1.3　机动灵活：矩阵型组织机构

矩阵型组织机构是一种"任务－目标"型组织机构。这种组织机构在原本职能型组织机构的基础上，以完成某项具体工作任务或达成某个目标为目的，通过组成临时工作小组进行运作。

矩阵型组织机构如图3-4所示。

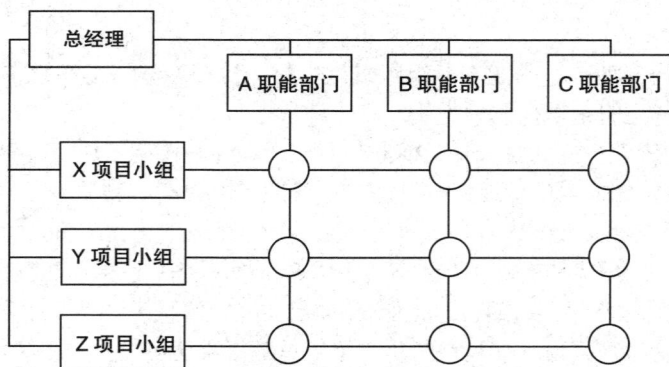

图 3-4　矩阵型组织机构

在矩阵型组织机构中，项目小组的目的性和适应性较强，可以根据需要随时成立、随时解散。项目小组形成后，内部成员受部门负责人和项目小组负责人的双重领导。

矩阵型组织机构在一些管理咨询公司、培训公司、律师事务所或会计师事务所中非常常见。这些组织的业务模式通常是项目制，有业务的时候就形成项目小组，各个职能部门中的人员将会分散到项目小组中。

有时候，同一个人可能会横跨多个项目小组。当项目结束时，项目小组解散，项目小组中的人又回到各自所在的职能部门中担任原本的角色。

举例

某集团公司整体实行事业部型组织机构，虽然从产品角度看，该公司分成了很多的业务单元，但因为各产品之间呈现出平行产品或上下游产品的关联性，从技术研发角度来看，整个集团公司所有产品之间都有一定的关联性和协同性。

为保证集团公司的技术创新，实现技术上的统一管理，该集团公司在总部设置了统一的技术中心，统一进行对外的技术交流，统一给各业务单元做技术指导。该集团公司对技术中心的管理和组织机构的设置，就是矩阵式的设置。

技术中心中所有的技术人员平时都在各个业务单元的技术研发或技术改进项目小组中，但他们本身又都属于技术中心。集团公司对技术人员的考核全部采取的是项目制考核方式，技术人员的奖金也都按照项目奖金来算。

项目小组中的成员由项目小组负责人挑选。技术能力越强、团队协作做得越好的人才，项目小组负责人越倾向于选择；技术能力越差、团队协作做得越不好的员工，项目小组负责人越不会选择。技术能力较差的员工参与的项目少，奖金就少。如果经过培训和调岗之后，能力差的员工的状况没有改善，其最终可能会主动选择离职，这样就能优化团队。

技术中心的新员工统一由技术中心的副总经理安排参与不同的项目。新员工工作的前两年是学习期，员工根据情况在不同项目上学习；两年后，员工参与项目要由项目小组负责人挑选。

矩阵型组织机构的优点如下。

（1）弥补了纵向管理型组织机构的劣势，能够强化组织中的横向联络，让横向联络与纵向联络相结合。

（2）增强了组织机构的机动性和灵活性。

（3）能够激发团队的协作意识，提高工作效率。

运用矩阵型组织机构，组织对人才的评价机制将会变得更简单。人力资源部不再需要等到年底才专门做人才测评或人才盘点，通过不同项目小组负责人对项目小组成员的组成情况和对人才的选择情况，就可以快速判断出哪些人是高潜力人才，哪些人相对不优秀。

那些频繁地被项目小组负责人挑选进项目的人才，甚至被项目小组负责人"争抢"的人才，大概率是组织需要的优秀人才；那些项目小组负责人都不愿意选择的人，甚至主动提出要加入项目，项目小组负责人都不愿意收的人，大概率是相对不优秀的人。

对于那些优秀的人才，人力资源部可以给他们更多的机会，让他们变得更加优秀，同时要注意让他们能够多劳多得。对于相对不优秀的人，人力资源部可以帮助他们搞清楚问题所在，帮助他们提高自身能力。

矩阵型组织机构刚出现的时候，很多人认为它是非常先进的组织机构类型，仿佛它能解决很多管理上的问题，但其实任何一种组织机构类型都不可能只有优点，没有缺点。

矩阵型组织机构最大的缺点是双重领导可能会使员工无所适从，尤其是在传统社会观念中，很多人习惯了传统纵向管理模式，突然使用矩阵型组织机构，很多员工会不适应。

那些对权力比较看重的管理者，暴露出的问题可能更明显。例如有的人原本是主管，手下管着 5 个人。如果组织采取的是传统纵向管理模式，这个主管会比较适应。但采用矩阵型组织机构类型后，这个主管手下的 5 个人有时候要听主管的，有时候要听项目小组负责人的，这个主管可能会很不高兴。

这种组织机构可能会让员工之间的项目组合有临时性，使得项目小组内人员的责任感不强。例如有的项目小组成员会觉得虽然暂时在项目小组中工作，但归根结底自己是属于部门的，就会出现"身在曹营心在汉"的情况。

项目小组负责人可能会面临权力比较小、责任比较大的问题。例如当出现用人部门需要临时把项目小组的人才抽走的情况时，项目小组负责人可能只能服从用人部门的要求；然而上级对项目的交期又有要求，项目完成依赖人才的付出，于是形成矛盾。

所以，要实施矩阵型组织机构，组织需要有一定的准备。在优化和实施这种组织机构之前，组织要对内部的管理者进行一定的培训或教育，必要的时候可以把这种组织机构管理模式和绩效管理融合。

3.1.4　考虑全局：多维立体型组织机构

多维立体型组织机构是把事业部型组织机构和矩阵型组织机构有机结合之后产生的新型组织机构类型。这种组织机构一般运用在规模比较大、产品比较复杂和多样、跨地域较广的超大型组织当中。

多维立体型组织机构如图 3-5 所示。

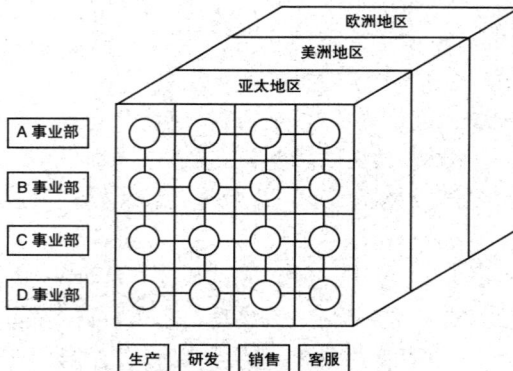

图 3-5　多维立体型组织机构

多维立体型组织机构通常包括3个维度的管理机构：第1个维度是按照部门职能划分的专业参谋机构，属于专业成本中心；第2个维度是按产品划分的不同事业部，属于产品利润中心；第3个维度是按地区划分的管理机构，属于地区利润中心。

多维立体型组织机构的优点包括如下内容。

（1）能够最大限度地满足顾客需要。

（2）更容易从全局出发考虑问题，便于组织层面的集体决策。

（3）人力资源能够有效地在组织内灵活共享。

（4）能够适应更加复杂的外部经营环境。

多维立体型组织机构的缺点包括如下内容。

（1）员工可能面临三重领导，更容易无所适从。

（2）对员工的沟通能力和人际交往能力的要求会比较高。

（3）组织机构比较复杂，管理成本比较高，可能会影响组织内的决策效率。

如果组织的产品线比较宽，产品之间的关联性不强，这时候即使组织的规模已经非常庞大，也不一定适合采用这种组织机构类型。

举例

某组织的产品线特别宽，但原来采用的是职能型组织机构；当组织达到一定规模之后，开始采用事业部型组织机构；后来组织又扩展到一定程度，就开始采用多维立体型组织机构。

但该组织特别强调集权管理，随着自身的发展壮大，组织不愿意剥离任何一项业务，追求大而全。这时候，如果组织的各项业务都平稳发展壮大还好，但如果同时遇到的市场问题或管理问题比较多，组织很可能会一下子出大问题。

这就好像赤壁之战中曹操军团的战船，所有战船用铁链子绑在一起，好处是能形成大型的战船群体，规模大，非常平稳，能够规模化推进，而且能弥补曹军士兵不擅长水战的弱势；但缺点是不灵活，一旦一艘战船起火，会连累整个军团。

3.1.5　责任意识：模拟分权型组织机构

模拟分权型组织机构是在职能型组织机构的基础上，根据各部门的特点以及在管理上的不同要求，把组织划分成类似于事业部的多个中心，并将其作为独立的生产经营部门，模拟独立经营、独立核算、自负盈亏。

模拟分权型组织机构如图3-6所示。

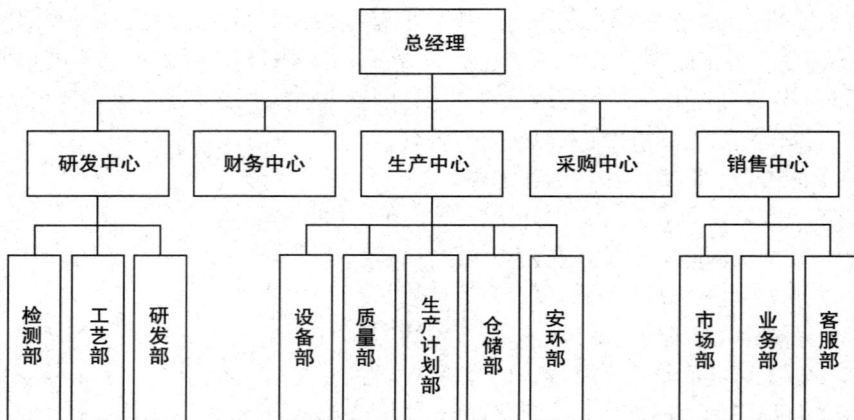

图 3-6　模拟分权型组织机构

模拟分权型组织机构内部划分的这些中心通常并不是真正意义上的经济实体，而是通过内部财务核算的方式来实现模拟分权。因为使用这种组织机构不会影响组织高层管理者的权力，同时又能通过定目标、定任务的方式发挥各部门的积极性，所以这种组织机构类型成为很多原本运用纵向管理型组织机构的组织发展到一定规模后常采用的。

这种组织机构比较适用于那些已经具备一定生产规模性、稳定性或连续性，以及具备一定财务管理能力的组织，是一种统分结合的组织机构类型，同时具备职能型和事业部型组织机构的特点。

模拟分权型组织机构的优点包括如下内容。

（1）适应性更强，可以作为职能型组织机构在管理上的补充。

（2）能够激发各部门的积极性，提升组织活力，提高效率。

（3）相比职能型组织机构，这种组织机构的权责利划分更清晰，员工责任感更强。

模拟分权型组织机构的缺点也比较明显。

（1）组织横向沟通和交流的难度可能更大。职能型组织机构各部门更关注组织利益，而模拟分权型组织机构各部门更关注本部门的目标或指标，尤其是当这些指标和年终奖金挂钩时。虽然人们都明白应当以集体利益为重，但如果涉及了个人利益，很多人容易优先考虑个人利益。

当组织内部需要多个部门协调完成某事时，部门负责人容易抱着"自扫门前雪"的态度。各部门只管做好本部门的工作，只管完成组织给本部门设置的指标，不一定愿意花时间和精力配合其他部门。所以，面对这种情况，组织内部的横向沟通和交流可能会变得更困难。

（2）许多职能部门的计划和目标难以量化。针对财务中心、人力资源中心、行政中心，如果没有为其设置经济指标上的要求，通常不合适；可如果完全按照成本来考核和管理这类部门，也不科学。因此，给这类部门制定指标既是困扰很多组织的难题，也是一个没有标准答案的问题。

如果说给业务部门制定指标要花费 1 天的时间，那么给这类部门制定指标可能讨论 3 天都讨论不出一个令人满意的结果。而且即使讨论出一个差强人意的结果，也不一定实用，因为这类部门存在一些机动灵活的工作，工作成果的变数往往比较大。

举例

某组织给人力资源中心制定的目标之一是组织的人力资源成本一年不能超过 10 亿元。要完成这个目标，人力资源中心的负责人有一个简单的操作方法，就是计算出人均成本，牢牢控制人数。

不论业务部门出于什么原因想多招一个人，人力资源中心都不允许。不管业务部门是想扩展业务、扩大市场，也不管多招的这些人是不是实际上能给组织创造更多的价值，或有重要的战略意义，总之人力资源中心就是要控制成本，所以增加成本的做法一概不允许。

这样一刀切式的操作显然是无法满足组织发展的实际需要的。可是，如果把人力资源中心的成本数字定义为弹性的，业务部门也可以随时要求改变业务指标。这时候，组织的业务指标可能也会变来变去，组织的管理将会失去威信。

集权有集权的好处和坏处，分权有分权的好处和坏处；死板有死板的好处和坏处，灵活有灵活的好处和坏处。没有哪一种绝对有用，也没有哪一种绝对没用。不论组织如何制定指标，都有其适应性和不适性。

（3）确定内部价格时容易引发矛盾。模拟分权型组织机构因为存在独立核算的概念，所以各中心之间的交易需要确定内部价格。如何确定内部价格？这个问题很可能成为组织内部"打不完的官司"。

举例

某组织在推行模拟分权型组织机构时遇到过一个问题。原本没有内部结算时，A、B 两个部门之间配合得非常好，部门管理者之间的沟通协调也做得很好。后来实行内部结算，一方成了另一方的"买家"，这两个部门就开始较真了。

A 部门是 B 部门的下游，A 部门可以从 B 部门拿货，也可以从市场上拿货。当 A 部门觉得从 B 部门拿货不如从市场上拿货好时（比如市场上的货价格更低、质量更好等），A 部门就不想从 B 部门那里拿货了。

B 部门认为 A 部门的这种判断没有道理，市场上有的货可能确实便宜，但质量不好；有的货可能质量很好，但价格更高。总之，组织内部的各部门之间不会多赚自己人的钱。然而因为各部门的绩效考核重点看业务量，也就是根据出货量计算的销售额，所以从动机上看，B 部门确实有可能将价格抬得比外部市场高。

渐渐地，内部结算的问题让 A、B 两个部门管理者之间产生了很深的矛盾，给组织带来了很大的困扰。原本和谐相处的两个人，现在都认为对方在占自己部门的便宜。

最后，组织高层管理者也无法有效化解这个矛盾。

3.1.6 顾客导向：流程型组织机构

流程型组织机构来源于对价值链和组织关键流程的梳理。它以满足顾客需求为导向，以业务流程为中心。流程型组织机构并不强调纵向的管理模式，而是采取以横向的流程线为主、以部门职能为辅的管理模式，一切重心导向结果和顾客。

流程型组织机构如图 3-7 所示。

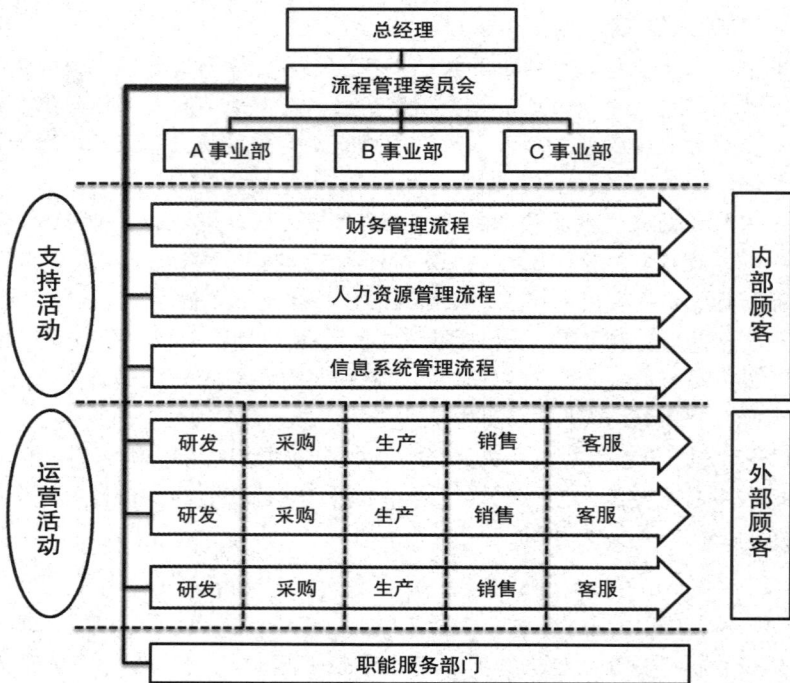

图 3-7 流程型组织机构

流程型组织机构能够使组织机构和业务流程紧密相连。因为这种组织机构直接服务于顾客，所以一度被视作非常先进的组织机构类型。

在流程型组织机构中，大家更强调部门之间的相互配合，更强调怎么把工作做好，并不特别强调上下级之间应该怎么管理。只要能更好地服务于关键流程，上下级之间的关系并不重要。

流程型组织机构的优点包括如下内容。

（1）能够实现组织的扁平化管理，高层的信息比较容易传达至基层。

（2）横向沟通会变得更加顺畅，能够有效地减少部门之间的内耗。

（3）一切努力都以结果和顾客为导向，能够有效提高组织运行的效率。

（4）具有更强的适应性和灵活性。

总的来说，流程型组织机构的优点就是能够使全体员工为组织创造更大的价值，并为了服务好顾客而努力，员工不需要太多地考虑内部的人际关系，也不需要过多地考虑一些和创造价值无关的事情。

但流程型组织机构也不是万能的，这种组织机构也存在一些潜在的缺点。

（1）流程设计复杂。在比较复杂的大型组织当中，要想完整地梳理出整个组织的业务流程是非常困难的，很多流程的设计、确定和修改等各项工作都比较复杂。因此，要梳理出一套完整的流程，通常需要花费大量的时间和精力。

（2）员工接受度低。这种组织机构和纵向管理型组织机构差别较大，员工对这种组织机构的接受程度可能比较低。传统组织机构的员工服务于部门、服务于直属上级，但流程型组织机构的员工要服务于顾客、服务于市场，这样很可能会使员工"失去"直属上级，很多员工一时难以适应这种工作方式上的转变。

（3）对员工素质能力的要求高。流程型组织机构对员工素质能力的要求比较高，对员工的评价偏向于其能否很好地服务于顾客、服务于市场，能否产生价值，而不是员工的工作时长，所以这类组织可以采用弹性工作时间。然而，这也意味着员工需要具备一定的个人素质和自我管理能力。

3.1.7　优势互补：网络型组织机构

网络型组织机构是一种虚拟的组织，它的关键词是"合作""联合""外包"。它通过互联网、信息技术等手段，把研发、供应、生产、服务等各类组织或个体连接成一个经济联合体。

网络型组织机构如图 3-8 所示。

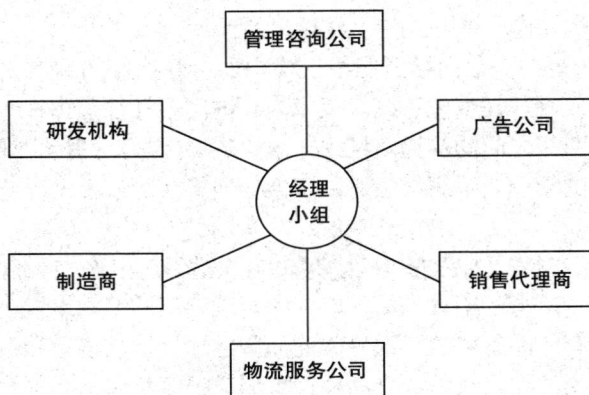

图 3-8　网络型组织机构

用直白的语言来形容网络型组织机构的逻辑，可以是：自身围绕有优势的业务核心，核心之外的事情交给别人做。这类似于专业的人做专业的事，专业的组织做专业的产品或服务。通过与经济联合体内的其他组织或个体之间的互动，本组织可以专注于某个细分领域，保持自身的核心优势，实现"做强"而不需要"做大"。

举例

雀巢公司的模块组合营销形成了一个网络型组织机构。

一是用特殊的市场手段代替行政手段来维持各个经营单位之间及其与公司总部之间的关系。网络型组织机构中的市场关系是一种以资本投放为基础的包含产权转移、人员流动和较为稳定的商品买卖关系在内的全方位的市场关系。

二是在组织机构网络的基础上形成了强大的虚拟功能。处于网络型组织机构中的每一个独立的经营实体都能以各种方式借用外部资源，对外部资源的优势进行重新组合，创造出巨大的竞争优势。

随着市场环境的变化，"大而全"的组织未来越来越难以在市场上生存，"小而美"的组织因为具有灵活性，更可能专注于某个领域而实现长期发展。在未来的市场上，聚焦某个领域，在该领域具有核心竞争力的组织比什么都能做的组织更可能获得长期发展。

例如浙江有很多小型制造企业，对于某款产品，有的企业专门负责销售，有的企业专门负责组装，还有一批企业专门负责生产这款产品的各个小部件。专门生产这款产品的某个小部件的企业，往往比直接生产整款产品的大企业在这个小部件的质量、技术、成本上更有优势。

网络型组织机构的优点如下。

（1）能够优化各组织之间的资源配置，实现优势互补。

（2）能够降低组织的管理成本，提高沟通效率。

（3）有利于激发团队精神，促进员工间的合作。

（4）组织的适应性和灵活性更强，变化更迅速。

网络型组织机构同样不是万能的，其缺点如下。

（1）关系比较复杂。在网络型组织机构中，相互协作的组织之间的关系是比较复杂的，一旦出现问题往往难以协调。组织内部的问题往往是上下级的问题，而组织之间的协作是两个组织之间的沟通。组织与组织的协作虽然能提出要求，但并不能直接参与或干涉彼此的管理。组织虽然可以替换，但替换的过程也需要一定的时间和财务成本。

（2）有泄露组织核心机密的风险。某个组织虽然可以聚焦于自身的核心竞争力发展，但如果核心竞争力的壁垒不高，就可能会被上下游组织掌握，导致自身的市场份额被占据。例如有的品牌服装公司只关注品牌建设、产品设计和销售渠道，将生产环节外包给别的公司。如果品牌、产品和销售渠道很容易效仿，那么代加工的公司就可以形成自身的品牌和产品，抢占市场份额。

（3）需要一定技术条件的支持。在网络型组织机构中，组织之间的协作可能错综复杂。为了保证沟通的及时性，组织间的协作往往需要一定的技术支持，如网络技术和管理能力。例如有的组织通过管理系统，能够实现从顾客下单、原材料采购、生产制作、物流发货到顾客服务的全流程全信息实时共享，保证产品准时交付。

3.1.8 化整为零：阿米巴组织机构

组织机构能够从一定程度上回答"员工究竟为谁工作"的问题。有一些组织机构会更容易让员工感受到"组织和员工的双赢"或"员工是为自己而工作"，这样，员工很容易产生自己工作越努力，成果越好，自己的知识和财富就越多的感觉。阿米巴组织机构就是这样一种组织机构。

阿米巴组织机构是指在组织战略规划的指导下，为了达到经营目标和满足发展需要，将组织划分成可以独立完成业务且可以进行独立核算的单元，这种组织机构有利于组织对经营方向的把控。

阿米巴经营模式是日本著名企业家稻盛和夫提出的。稻盛和夫创立了京都陶瓷株式会社（现名京瓷 Kyocera）和第二电信（原名 DDI，现名 KDDI，在日本为仅次于 NTT 的第二大通信公司）两家世界 500 强企业。阿米巴组织机构正是在阿米巴经营模式下出现的。

阿米巴组织机构具有如下特点。

1. 自主经营小集体

组织被划分成若干个"自主经营"的小集体，把大组织化小。这些小集体同时具备规模性和灵活性。

2. 内部市场化交易

通过内部交易的形式，组织直接向内部传递市场竞争的压力，以"内部市场化"的运作机制来促进组织外部竞争。

3. 全员做"领导"

让员工从"被动执行"转变为"主动创造"的经营者，释放组织潜能，能够培养具备管理理念的经营人才。

4. 实现系统分析

阿米巴组织机构以独立核算为基础，通过内部价值核算，运用更加科学的业绩管理和评价方法来相对直接地衡量员工做出的贡献，并实现循环改善。

举例

韩都衣舍将阿米巴经营模式运行得相对比较成功。2016 年，韩都衣舍的年销售额增长到超过 15 亿元，在这背后，组织创新发挥了巨大作用。运用阿米巴经营模式，韩都衣舍把决策力和领导力从管理者的身上分散到尽可能多的小组织上。

韩都衣舍把整个组织分割成多个阿米巴小组，每个小组都作为一个独立的利润中心，按照小企业、小商店的方式进行独立经营。这种模式成功的关键在于明确组织的发展方向，并把它传递给每位员工。

韩都衣舍以产品小组为核心的经营模式真正做到了去中心化，每个部门都围绕产品小组服务。韩都衣舍的创始人说，按照这个模式，将组织划分为 500 个、1000 个小组都没有问题。

韩都衣舍的阿米巴小组如图 3-9 所示。

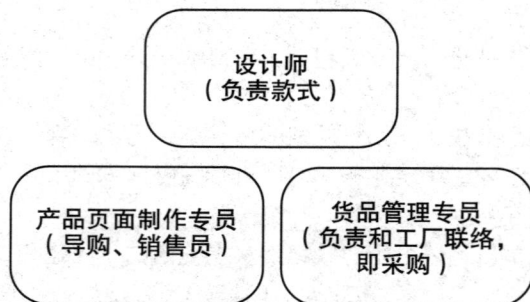

图 3-9　韩都衣舍的阿米巴小组

韩都衣舍的阿米巴小组最少只需要 3 个角色，分别是设计师、产品页面制作专员、货品管理专员。阿米巴小组有明确的权责利划分。

1. 权力

韩都衣舍阿米巴小组的权力包括如下内容。

（1）确定款式。

（2）确定颜色、尺码、库存深度。

（3）确定价格（最低价格）。

（4）参与哪些活动，比如"双十一"。

（5）打折的频率和力度。

2. 责任

韩都衣舍阿米巴小组的责任是确定销售任务指标，包括销售额、毛利率、库存周转率等。

3. 利益

韩都衣舍阿米巴小组的业绩提成计算方式一般是"销售额 × 毛利率 × 提成系数"。阿米巴组织机构的优点包括如下内容。

（1）提高员工参与经营的积极性，增强员工的动力，为组织快速培养人才。

（2）小集体能够将"销售额最大化、经费最小化"的经营原则在组织内部贯彻到底。

（3）组织管理者能时刻掌握组织经营的实际状况，及时做出正确决策，降低组织经营风险。

（4）大组织变小集体，在保持大组织的规模优势的同时，具备小集体的灵活性。

阿米巴组织机构同样存在很多问题，它的缺点包括如下内容。

（1）经营理念和组织文化问题。如果将组织全部打散成不同的小组，那么整个组织的经营理念和组织文化很难得到延续，可能会更偏向市场的经营结果。

（2）独立核算的难度。和模拟分权型组织机构的问题类似，在阿米巴组织机构中，部门之间的核算或定价很难使多方满意。

（3）权力下放的问题。阿米巴组织机构中的小集体拥有的权力是组织赋予的，组织很难把握将权力下放到什么程度才能既保证小集体的高效运营，又能规避风险。

3.2 人力资源部的组织结构

笔者曾与几位人力资源总监聊起各自公司人力资源部的人员配置、模块开展情况、存在的问题以及人力资源管理的成效，发现在行业、规模、人力资源部人数都相差无几的公司中，人力资源管理的成效却大不相同。

其中当然有领导风格、组织文化、组织架构和战略等层面的原因，但笔者与他们深入交流后发现还有一个重要的影响因素，那就是人力资源部本身的组织结构设置、功能划分以及职能定位有所不同。

关于公司层面组织机构的设计和变化，许多 HR 都很熟悉，可很少有人会考虑和研究人力资源部自己的组织结构应该如何设计。这就好比一位医生，他经常给别人治病，望闻问切样样精通，但却忘了自己也可能生病，或是发现自己不会给自己看病。

3.2.1 业务支撑：承接 3 种管控模式

人力资源部的组织结构类型与组织整体的管控模式是直接相关的。根据管控模式的不同，组织通常可以分为财务管控型组织、战略管控型组织和操作管控型组织。

其中，操作管控型组织集权程度最高，财务管控型组织分权程度最高。这 3 种管控模式在发展目标、总部和分支机构之间的关系、管理手段、核心功能、应用方式上的不同如表 3-1 所示。

表 3-1　3 种管控模式的不同

类型	财务管控型组织	战略管控型组织	操作管控型组织
发展目标	获得投资回报 通过投资业务组合实现结构优化 组织价值最大化	组合协调发展 投资业务的战略优化和协调 战略协同效应的培育	各业务单元经营行为的统一与优化 组织整体协调成长 对行业成功因素的集中控制与管理

类型	财务管控型组织	战略管控型组织	操作管控型组织
总部和分支机构之间的关系	以财务指标进行管理和考核，总部无业务管理部门	以战略规划进行管理和考核，总部一般无具体业务管理部门	通过总部职能管理部门对下属业务单元日常经营运作进行管理
管理手段	财务控制 法律合规 并购	财务控制 战略规划与计划控制 人力资源管理	财务控制 生产、质量管理 人力资源管理 营销／销售 新业务开发
核心功能	资产管理	资产管理 战略协调	资产管理 经营管理
应用方式	多种不相关产业的投资运作	相关型或单一产业领域内的发展	单一产业领域内的运作

从表 3-1 可以看出，不同管控模式下的组织对人力资源管理的幅度和要求是不同的。想让人力资源管理在不同的组织中发挥价值，人力资源部的内部架构和职能设置显然不可以千篇一律。

对于集权的组织来说，人力资源部的组织结构也应该是集权的；对于分权的组织来说，人力资源部的组织结构也应该是分权的；对于介于两者之间的组织来说，人力资源部的组织结构也应该介于两者之间。

如果盲目学习一些大型组织人力资源部的组织结构，生搬硬套，结果可能是其与组织的整体发展不匹配，制约组织发展。

例如很多组织用戴维·尤里奇的 HR 三支柱来设计人力资源部的组织结构，结果却发现效果并不理想。这是因为 HR 三支柱适合介于集权和分权之间的战略管控型组织，并不适合在细节管理上比较粗放的财务管控型组织或对细节管理要求比较高的操作管控型组织。

对应 3 种组织管控模式，人力资源部的组织结构也可以分成 3 种，分别是纵向集权型结构、横向分权型结构和划分角色型结构。

3.2.2 划分模块：纵向集权型结构

纵向集权型的人力资源部结构在操作管控型组织及偏向传统纵向型或科层制的组织机构中比较适用。典型的纵向集权型的人力资源部结构如图 3-10 所示。

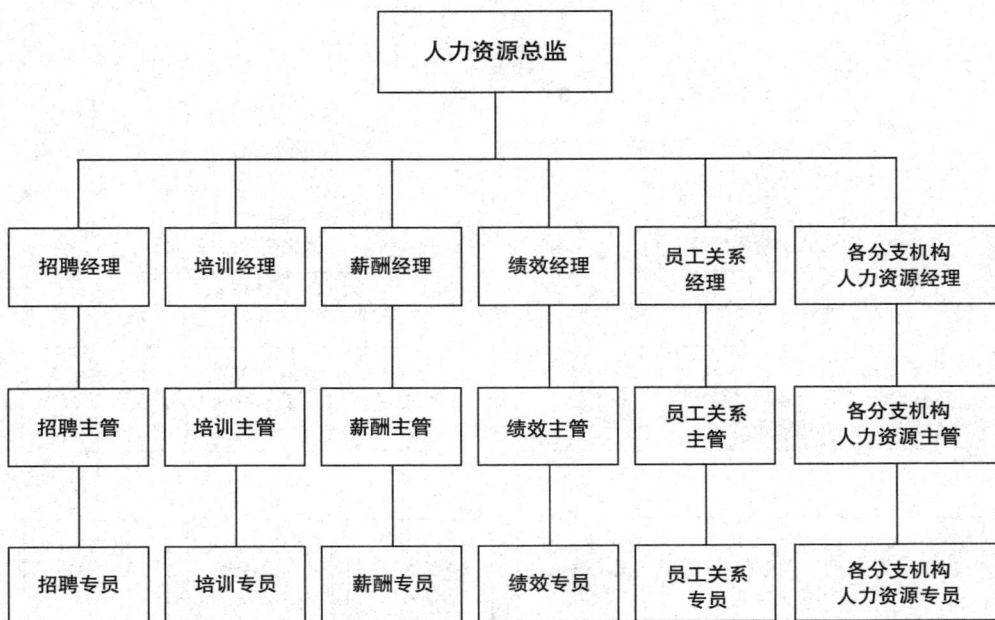

图 3-10 典型的纵向集权型的人力资源部结构

图 3-10 所示的结构通常是在组织总部当中设一个人力资源部，总部人力资源部各模块职能设置比较清晰，也比较完整。

总部人力资源部起到了"指挥官"的作用，在承接和分解总部的总体战略后，统筹安排和规划组织及其分支机构的人力资源管理工作。

各分支机构或各部门有可能设立人力资源部，也可能以人力资源专员的形式履行职能。各分支机构人力资源部及其工作人员的职能定位是执行，即执行总部人力资源部安排的各模块工作。

各分支机构或各部门的人力资源经理受总部人力资源部的直接管理，一般来说，同时也受分支机构最高管理者的行政管理。一般组织经营模式的集权程度越高，人力资源部的集权程度也应该越高。

3.2.3 分支自治：横向分权型结构

横向分权型的人力资源部结构比较适用于财务管控型组织，这样的组织通常是总部人力资源部只负责总部的人力资源管理工作。如果组织的总部是虚设或人数较少，也有可能不单独设人力资源部。

典型的横向分权型的人力资源部结构如图 3-11 所示。

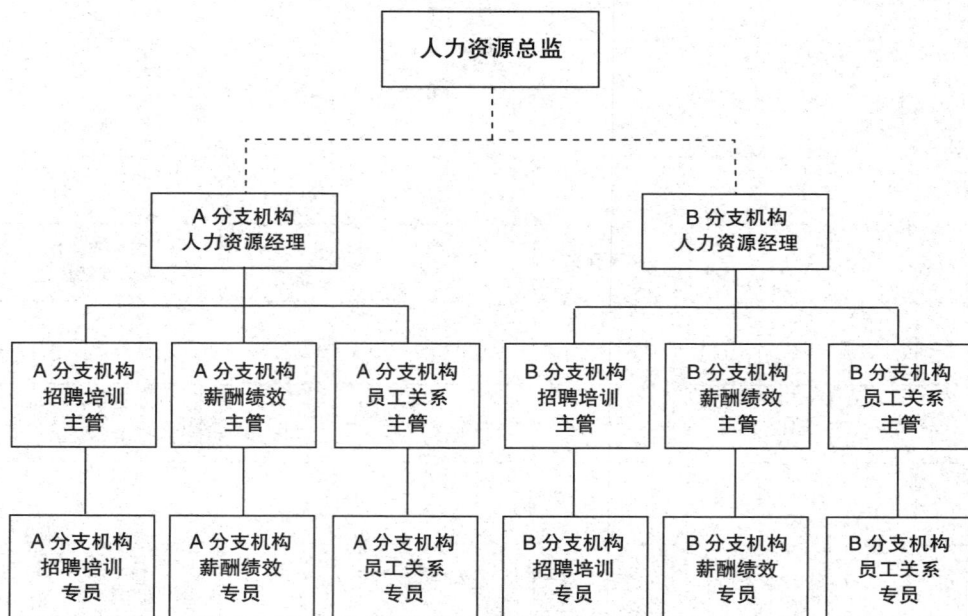

图 3-11　典型的横向分权型的人力资源部结构

　　有的组织可能只在总部虚设一个人力资源总监岗位，也可能让某分支机构的人力资源经理兼任组织总部的人力资源总监。

　　分支机构人力资源部的工作内容可以包含各个模块。各分支机构间的人力资源部相对独立，可以根据各自情况制定适合本机构的人力资源管理政策。

　　分支机构人力资源部的负责人受分支机构最高管理者的直接管理。总部人力资源部不直接管理和干预分支机构的人力资源管理工作，只做一些必要的业务支持或指导，以及一些重大事项的安排或布置。

3.2.4　三驾马车：划分角色型结构

　　集权和分权的组织相对比较容易理解，其人力资源部一般按照组织的特点来设计就可以了，比较容易出问题的是介于集权和分权之间的组织。

　　设计这种人力资源部结构常用的理论是戴维·尤里奇提出的人力资源部的组织结构再设计框架，这个框架也成为许多大型组织中流行的 HR 三支柱（也叫 HR "三驾马车"），如图 3-12 所示。

业务伙伴（Business
Partner，BP）
人力资源战略支持
挖掘业务部门需求
针对内部客户提供咨询
关注：客户关系维护与管理

Deliver
交付执行

Discover
发现问题

内部客户：
人才管理
领导力
组织文化
绩效

共享服务中心（Shared
Service Center，SSC）
处理人力资源事务
交易操作、薪酬调整
福利问题、员工问题
关注：提高效率

专家中心（Center
of Expertise，COE）
设计政策和流程
关注：优化政策及流程

Design
设计方案

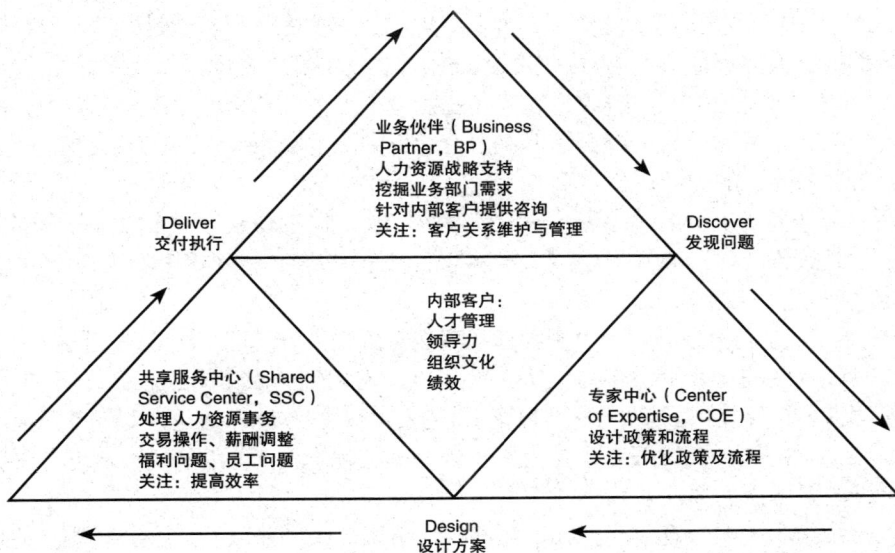

图 3-12　HR 三支柱

　　HR 三支柱使人力资源部从职能导向转型为业务导向，以实现人力资源管理的业务增值和价值主张，能够极大地提高组织人力资源管理的效率和效能。

　　HR 三支柱根据"发现问题""设计方案""交付执行" 3 类工作的不同性质，将人力资源管理应在组织中扮演的角色分为 3 类：一是共享服务中心（Shared Service Center，SSC），二是业务伙伴（Business Partner，BP），三是专家中心（Center of Expertise，COE）。

　　伴随 HR 三支柱一起，尤里奇还提出了 HR 的四角色。他将人力资源管理在组织中应该扮演的角色分为 4 类：战略执行过程中的合作伙伴、任务组织与实施方面的专家、员工的坚强后盾、持续变革的推动者。

　　很多人把尤里奇的这套理论叫作"3+4"模型。那么，很多传统组织对这个"3+4"模型的应用效果如何呢？

　　目前来看，大多数组织的应用效果是不理想的。传统组织的人力资源管理水平大多还停留在事务性、功能性阶段，直白地讲就是传统组织人力资源管理的版本太低了，而"3+4"模型是一个比较高级的版本，在很多传统组织中较难有效运行。

　　但许多传统组织又特别喜欢先进理念，或者说有些人力资源管理者就是喜欢拿自己的组织试错，有时候也许只是为了给自己的工作经历"贴金"，于是就坚持引进。虽然如今能看到很多大型传统组织中有 HRBP、SSC 和 COE 这类角色，但其实际定位和工作内容却与尤里奇原本的方法论大不相同。

　　有些组织中的 HR、BP 和 COE 成了可有可无的角色，既看不到工作业绩，又很难评估其工作价值。一些自媒体更是众说纷纭，搞得很多组织更加不知所措。

　　那么，为什么"3+4"模型在传统组织中并不适用呢？笔者认为主要有 3 个原因。

（1）"3+4"模型把人力资源管理在组织中的地位提升到了一定高度，已经不属于传统的探讨人力资源事务层面工作的范畴，而在功能性上更侧重于战略层面。

不适用既不是因为人力资源管理者专业能力不足，也不是因为工作不努力，而是因为传统组织中战略性人力资源管理权力一般不在人力资源部，而在组织高层管理者或高层管理者身边的少数几个人手中。

所以，许多传统组织人力资源部的管理很容易处在基础业务和人力资源内部业务的层面，相关人员每天做着大量的常规事务性工作，很少能够得到高层管理者的理解和肯定。

（2）"3+4"模型是从人力资源管理流程与核心业务流程之间的关系的角度定位的。SSC本质上是为所有业务单元提供常规性、基础性的人力资源服务，BP本质上是为不同业务单元提供灵活的、个性化的人力资源服务，COE则是为业务单元提供系统化、集成化的人力资源服务。在人力资源管理流程上，3类角色缺一不可，它们共同推动核心业务流程的发展。

而传统组织大多数是职能型或事业部型的组织机构，采取的多是纵向管理关系，缺少横向管理。人力资源部很难针对不同业务单元提供差异化的人力资源服务，因此业务单元与人力资源部时常发生冲突，不要说人力资源管理功能升级，就连常规性工作都经常遇到阻碍。而"3+4"模型的运行，需要人力资源部与各业务单元之间建立起一种横向管理关系。

（3）许多组织把四角色和三支柱分开来看，要么只谈四角色，要么只谈三支柱。虽然四角色立足于人力资源自身的定位，三支柱立足于人力资源如何为核心业务流程提供服务和支持，似乎二者解决的是不同的问题，但实际上它们同属一个体系。将二者分开来看的话，往往容易顾此失彼。

OD在运用"3+4"模型的时候要充分考虑组织自身的状况，根据组织需要来引进和应用，不要盲目地运用。

3.3　组织机构设计与变化

明确了组织机构的类型和不同组织机构类型对应的人力资源部的组织结构后，OD就可以按照组织的商业模式和业务特点，结合本组织的文化和需求进行组织机构的设计、调整或变化了。

3.3.1　承接战略：组织机构设计的方法

当遇到战略性的管理变化、建立新组织、拓展新业务、组织业务面临重大转型、组织经营环境发生剧烈变化、组织面临并购或重组、组织需要规范化管理等情况时，OD 往往需要进行组织机构设计。

在进行组织机构设计时，需要遵循以下几点原则。

1. 承接战略

组织机构的存在是为了服务于战略，OD 在设计组织机构之前一定要考虑战略的需求，没有战略就没有所谓合适的组织机构。如果不明确战略就盲目进行组织机构的设计，组织机构的有效性和适应性将大打折扣。

2. 务实高效

务实高效是对组织机构设计的基本要求，它既是组织健康运转的前提，也是组织长久发展的必要条件。在设计组织机构时，需要避免机构或岗位的冗余，保持对组织较高工作效率的要求。

3. 合理的管理幅度

管理幅度分为横向管理幅度和纵向管理幅度两种，这两种管理幅度应保持在合理的范围内。横向管理幅度指的是部门内部一个管理者能够管理下属的幅度，纵向管理幅度指的是组织内最高层到最基层之间的管理幅度。

4. 运营、监督、管理分开

组织中既要有运营部门，又要有监督部门，还要有管理部门。负责运营的部门与负责监督的部门应有效分开，监督和管理部门可以合并，也可以分开，这样才能保证组织中既有"运动员"，又有"裁判员"。

5. 权责利对等

岗位的职权、职责和获得的利益要对等，否则就容易出问题。责大权小利薄，不利于人才在组织中长期、稳定地发展；责小权大利厚，虽然人才愿意在组织中发展，但对组织发展而言却是不利的。同样地，组织内各部门的权责利也应当对等。

不同类型组织机构的设计方法有所不同，设计的步骤也有所不同。有人说组织机构设计应该自上而下，也就是先设计层级，再划分部门，最后设计岗位；也有人说组织机构的设计应该自下而上，也就是先设计岗位，再划分部门，最后设计层级。笔者更偏向于后者。

从愿景、战略到岗位的形成逻辑如图 3-13 所示。

```
        ┌──────────────────────┐
        │         愿景          │
        └──────────┬───────────┘
                   ↓
        ┌──────────────────────┐
        │         战略          │
        └──────────┬───────────┘
                   ↓
        ┌──────────────────────┐
        │         流程          │
        └──────────┬───────────┘
                   ↓
        ┌──────────────────────┐
        │         组织          │
        └──────────┬───────────┘
                   ↓
        ┌──────────────────────┐
        │         职责          │
        └──────────┬───────────┘
                   ↓
        ┌──────────────────────┐
        │         岗位          │
        └──────────────────────┘
```

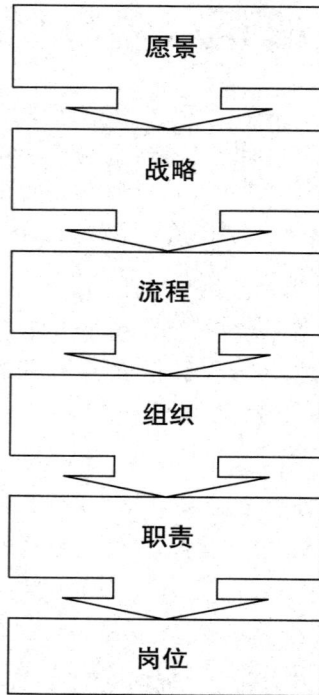

图 3-13　从愿景、战略到岗位的形成逻辑

一般来说，先明确了从愿景、战略到岗位的形成逻辑后，就可以发现组织中应当存在的岗位，再通过对岗位的组合形成组织形态。对于以纵向管理关系为主的组织，其组织机构设计可以分成 3 步。

1. 设计岗位

岗位是组织中最基本的单位，岗位管理是人力资源管理的核心。岗位设计的依据来源于组织的愿景和战略。在设计岗位时，要明确岗位的工作权限、工作职责、工作内容、薪酬范围、职级范围、上下级关系、考核指标、能力要求等关键要素。

2. 划分部门

部门是由一系列岗位组成的工作单位，将岗位按照逻辑打包合并后，就形成了部门。部门的划分是一个自上而下和自下而上结合的过程：先自上而下地根据组织需求进行顶层设计，形成初步的部门划分，再自下而上地根据岗位的工作内容和关联度形成部门。

部门的组织方式多种多样，可以按照职能、地域、产品、流程、顾客等划分。与岗位设计类似，划分好部门后也需要设计出部门的最高权限、职责、内部岗位设置、编制设置、从属关系、上下级关系等关键要素。

3. 设计层级

横向管理幅度一般以 5~10 人为宜。一般来说，管理层级越高，横向管理幅度宜越小；管理层级越低，横向管理幅度宜越大。为降低沟通成本，提高组织的工作效率和加快反应速度，纵向管理幅度一般越小越好。

3.3.2 谨慎实施：组织机构变化的步骤

当组织机构不适合组织发展时，就需要做出相应的变化。然而，组织机构变化可不像上中学时全班换个座位那么简单。组织机构变化涉及工作流程的变化、汇报关系的变化、岗位职责的变化、利益分配的变化等，牵一发而动全身。

实务中，组织机构变化在很多时候进展得并不顺利。根据阿圭雷（Aguirre）教授提供的统计数据，很多组织机构变化的成功率非常低，仅有54%的组织机构变化能真正获得成功。大部分的组织机构变化无法达到预期的效果，通常的结果是浪费了组织大量的资源（包括时间、人力、金钱），却削弱了员工士气。

总结起来，组织机构变化失败的原因主要有以下3点。

（1）组织在没有充分准备好的情况下就实施变化。推行组织机构变化的团队随意决策和随意执行，只关注想要的结果，却不考虑组织机构变化实施的方法和过程。

很多组织在做出改变的决策之前没有做调研和评估，没有做准备和计划，说改就改，说变就变，不管当前的管理水平怎么样，恨不得今天组织还是在"赶牛车"的阶段，明天就要学会"开飞机"。

（2）组织的管理团队，尤其是高层管理团队只想发号施令，说组织这里有问题，那里也有问题，这里需要改，那里也需要变。这些人本该是组织机构变化的推动者，却不想行动，组织机构肯定不会因为单纯的命令而自己变化。

很多组织的管理者明白组织要发展，组织机构变化是必需的，于是他们信誓旦旦，号召组织上下做出变化，甚至多次在会议上提出要有"壮士断臂"的决心。然而，结果通常是这些管理者只是口头上说说而已。这种长期的"只说不做"反而会让组织成员产生"听觉疲劳"，久而久之，管理团队会越来越没有威严。

而且很多管理者号召起一些人"向前冲"之后，自己却躲在后面不出来。一旦组织机构变化过程出现异常，这些管理者就会先把自己"择干净"，把责任全部推给那些向前冲的人。

笔者就遇到过这样的总经理。当时那家公司算是家族企业，但为了在表面上淡化创始人的家族管理氛围，找了一个在公司中工作了20年的人做总经理。这位总经理其实没有太多实权，很多大的决策还是得听创始人的，但他又想改变组织内部一些他认为不利于组织长远发展的地方，所以他就经常命令各部门今天这里改一改，明天那里改一改。如果创始人不找他，他就继续实施；一旦找他，他就说"我不知道这件事"或"这不是我安排的"之类的话。他的这种态度害苦了很多管理者，很多管理者最后离职都是因为他没有担当。最后，他的指令大家也都是表面附和，实际上不听，只听创始人的命令。

（3）在组织机构变化的过程中，很多管理者会有种自然的心理假设，以为所有员工的思维、认知、沟通力、敬业度都和自己的一样，都很容易接受变化。

有的管理者以为组织机构变化过程中的沟通就是搞几场培训、开几次会议、听几场汇报，以为组织机构变化靠一套奖励政策就能推动，但实际不是这样。

自己知道就以为别人也知道的现象叫"知识的诅咒"。人们有这样一种倾向：当自己已经知道某类信息的时候，不自觉地以为别人也知道这类信息；当自己了解某件事的来龙去脉的时候，会忽略别人可能并不知道的事实。

因为人们接触的信息不同，所以每个人的思维也是不一样的，尤其是高层管理者和基层员工的思维模式更是存在不小的差异。很多基层员工其实并不清楚自己为什么要做某项工作，而这通常是因为高层管理者忘了告诉他们。

其实，组织机构变化的目的不是变化本身，而是让组织能够更好地在市场环境中生存。组织机构变化永远是一件重要而不紧急的事情，有时候不变化不会影响组织当下的生存，可一旦到了组织真出现问题时再变化，往往为时已晚。

当组织机构需要变化时，组织通常会展示出如下特点。

（1）内部沟通不畅，权责不清，分工不明。

（2）决策、指令等信息传达力度小。

（3）组织机构臃肿，人员庞杂，办事效率低下，纠纷等内耗现象较多。

（4）缺乏活力，缺少创新和进取的动力。

（5）员工士气低落，员工满意度和敬业度较低。

（6）中高层管理者离职率增加，各类请假较多。

（7）各部门的职责有重叠。

组织机构变化的关键是要建立指挥计划系统、沟通联络系统、检查反馈系统和执行监督系统并利用好4个系统间的相互作用，同时调整好决策层、管理层、执行层和操作层4个层面的定位、分工并促进协作。

进行组织机构变化时，应注意遵循目标一致、效率优先、保持灵活、有效授权、职责唯一、分工明确、权责利对等、统一指挥、保持各方平衡、管理幅度合理等原则。

3.3.3 注意事项：让组织机构变化平稳落地

要保证组织机构变化平稳落地，除了在组织机构变化前做好调研、计划、评估等工作外，还有一些至关重要的辅助手段可用于推进组织机构变化。

1. 利用组织文化

很多组织机构变化项目涉及有效处理组织层面的具体管理事务，例如决策流程、组织机构、绩效管理等。但组织文化是一种默契的行为规范，并不受组织管理层面太大的影响。

组织文化由组织成员的思考方式、共同信仰、行为和感受结合而成。因此，管理者必须处理文化层面的变化，否则组织机构变化将会遇到很大的阻碍。需要做的事如下。

（1）找到组织文化中最引以为豪的部分，并将组织机构变化与之相连。例如，有的组织文化强调儒家思想，那么要想进行组织机构变化，就可以将儒家思想中的精髓与组织机构变化的目的和意义关联。

（2）可以借助组织中的意见领袖。组织中的意见领袖可能值得信任，积极主动，并为组织感到自豪。例如，某个具有 60 年历史的组织要变化，可以找一些德高望重的"元老级"人物，得到这些人的支持和背书。

（3）需要在组织中建立具有"连贯性"的环境。所谓"连贯性"，是指不论是管理者的公开讲话，还是邮件、会议、标志等，组织上下关于变化所接收到的信息是一致的，尽量避免出现质疑的声音。例如，如果首席执行官要做某项改变，公司副总却在某次公开会议中发表了质疑该改变的言论，这就是"不连贯"。

2. 确保各方参与

理想的组织机构变化的方式是管理团队让不同层级的员工都参与进来。

组织中层管理者非常重要，组织机构变化过程中要尊重中层管理者的意见，高层管理者要帮助中层管理者适应组织机构变化带来的职责变化。

基层管理者直接面对客户，也是组织机构变化中的重要一环。管理团队可以在组织中设立组织机构变化的项目咨询顾问，让项目咨询顾问解答组织中各个层级可能遇到的问题，辅助组织机构变化项目的实施，并适时给出专业的建议。

3. 做好员工关怀

给员工提供一些日常的精神或物质关怀，能更好地让员工产生归属感。例如，为员工举办生日会，或给员工家人送上生日祝福，为员工提供个性福利，等等，这些都能让员工感觉自己受重视，从而愿意拥抱组织机构变化，产生进取之心。

管理团队还可以为员工提供一些"雪中送炭"的关怀。当员工患病时，如果组织可以帮助员工，例如提供一些医疗资源，可以极大地给予员工心理安慰。当员工感觉到自己受重视并且知道组织会为自己提供安全保障时，员工就能充满自信、毫无后顾之忧地接受组织机构变化或挑战。

4. 创造交流空间

员工更倾向于认可和执行自己参与讨论并认同的决策。

组织的决策通常是不容置疑、由上到下的，有时候难免引发员工的抵触情绪。员工认为自己为组织做了贡献却没有发言权，就可能不理解或否认组织机构变化。这时候可以引导员工参与有关组织机构变化的讨论，让员工交流分享关于组织机构变化的一切。员工之间的相互交流和鼓励可以给组织机构变化带来更多信心，组织也可以借此收集到一些有用的信息。

5. 确保信息共享

了解组织机构变化正处于哪个阶段，做出必要的修正，并适时告知员工。许多组织机构变化通常需要较长的时间才能有成效，如果员工一直看不到变化的成效，就容易丧失信心。因此，适时地告知员工一些短期可见的积极成效，能让员工更有信心。

一把手为什么不重视人力资源管理

当我们问一位组织的一把手："人力资源管理重不重要？"

组织的一把手通常会回答："重要！当然重要！"

当再问他："如果根据重要性排序，人力资源管理工作在公司应该排第几？"

他八成会回答："排第一！因为以人为始，以人为先，以人为本！"

可在实务中，有一天问他："公司有一个主题为人才培养与发展的会议和一个主题为经营业绩评估的会议，两个会议的紧急程度一样，但只能参加其中一个，您会更希望参加哪一个？"

他八成会回答："参加经营业绩评估会议！"

奇怪了，说好的人力资源管理最重要呢？但为什么遇到经营业绩问题、销售问题、采购问题、技术问题、生产问题、客服问题，似乎每一个都比人力资源管理问题更重要？为什么明明组织一把手心里也认为人力资源管理最重要，可表现出来的行为却又不重视人力资源管理呢？

笔者经常听许多 HR 抱怨这个问题，他们喜欢把这个问题归结到组织一把手头上。其实，这件事不能全怪组织的一把手，人力资源管理者自己也有责任。

1. 有定位吗

许多组织的一把手既期望人力资源管理者能够像诸葛亮那样掌控大局、运筹帷幄，又期望他们能够像邻居那样和员工交心，可谓既能"上天"，又能"遁地"。站在组织一把手的角度，这些要求无可厚非，但人力资源管理者自身必须要足够清醒，要做诸葛亮还是做邻居，需要给自己选一个明确的定位。

2. 素质和能力合格吗

有的人力资源管理者脾气火暴，非常强势，动不动就顶撞他人；有的人力资源管理者唯唯诺诺，随便一个人都能把他唬住；有的人力资源管理者是单兵作战的能手，可到了管理下属的时候就不知道该怎么办，到了要跟组织一把手沟通工作的时候就舌头打结；有的人力资源管理者像甩手掌柜一样，成了上下级之间的传话筒。

因此，人力资源管理者首先要具备沟通、组织、协调的基本素质，不然如何服众？如何带领团队？如何培养下属？如何与平级部门沟通？如何与组织一把手沟通？如何说服组织一把手？

3. 具备组织一把手的思考高度吗

有的人力资源管理者因被太多事务性工作缠身而丧失了管理思维，很少能站在组织战略的高度考虑组织的整体状况。于是，这些人力资源管理者和组织一把手沟通的内容永远是一些鸡毛蒜皮的小事。

人力资源管理者要具备全局意识，要做"设计师"而不是"救火员"。就算每天必然会处理一些琐碎的事务性工作，也一定要站在组织一把手的身边，从他的视角去观察和思考组织的问题。

4. 试过让组织一把手知道人力资源管理的价值吗

组织一把手之所以关注业绩，是因为业绩是组织经营状况最真实的反映。在组织中，一把手最关心哪类人？多半是业务人员！因为营销人员能够直接为组织带来业绩。人力资源管理者千万不能一边嘴上说为了维护组织利益，一边又抱怨组织一把手的心总是偏向业务人员。

人力资源管理者要想办法让自己像业务人员一样重要，用数据来表现自己，用业绩来标榜自己，用价值来证明自己。人力资源管理者应多接触业务部门，了解业务知识，多问组织一把手一些业务上的问题，把组织的经营模式、产品定位、业务流程、目标顾客群等问题都搞明白，把组织发展遇到的瓶颈、问题、关键点、需要提高的方向都搞清楚。

做人力资源规划时，少说背景、意义、方法、工具，多和组织的经营战略、业务活动做匹配，并将规划落实到绩效考核和薪酬体系之中，落实到每月、每周、每天的切实行动中，让组织一把手感受到人力资源管理和业务开展是紧密联系在一起的。

当人力资源管理者有明确的定位，自身素质和能力合格，具备一把手的思考高度，而且能让组织一把手了解人力资源管理工作的价值时，组织一把手自然就会更关注组织的人力资源管理工作。

第4章

岗位管理

岗位管理是人力资源管理实战中基础且重要的管理模块，是组织实施人力资源管理工作的根基。许多组织在开展人力资源管理工作时磕磕绊绊、步履维艰，正是因为在开展人力资源管理工作前没有打下岗位管理的坚实基础。要履行好自身职责，OD 就要掌握岗位管理的方法。

4.1　岗位基本认识

岗位是组织中实施岗位管理的最小单位。岗位承接了组织目标的分解，有目标、有职责，以结果为导向。岗位虽然会发生一定的动态变化，但相对比较稳定。岗位属于组织，不属于组织中的某个人。

4.1.1　基础设施：岗位管理体系

岗位管理体系是人力资源管理体系的"基础设施"，它直接与薪酬福利体系、绩效考核体系等形成关联并相互作用，好的岗位管理体系能够保证组织持续不断地吸引、激励、保留优秀人才。例如，有了岗位管理体系，就可以根据岗位职等职级确定薪酬和福利标准；有了岗位管理体系，就可以设计绩效考核体系标准，作为个人升职、降职、调薪、激励的依据。

岗位管理体系与薪酬福利体系、绩效考核体系的关系如图 4-1 所示。

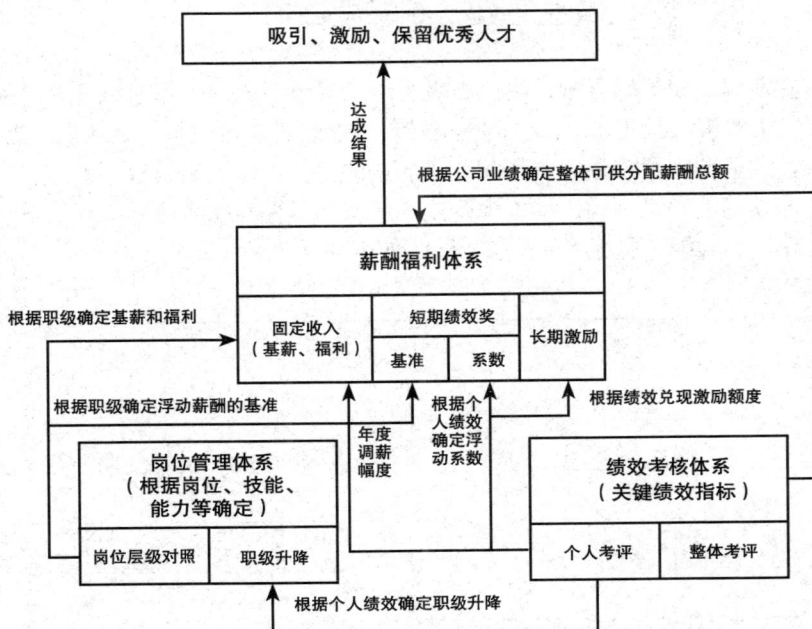

图 4-1　岗位管理体系与薪酬福利体系、绩效考核体系的关系

岗位管理体系包含的内容有岗位说明书、岗位职等 / 职级、岗位族群 / 序列 / 角色、岗位发展通道、岗位图谱和称谓、岗位管理制度，如图 4-2 所示。

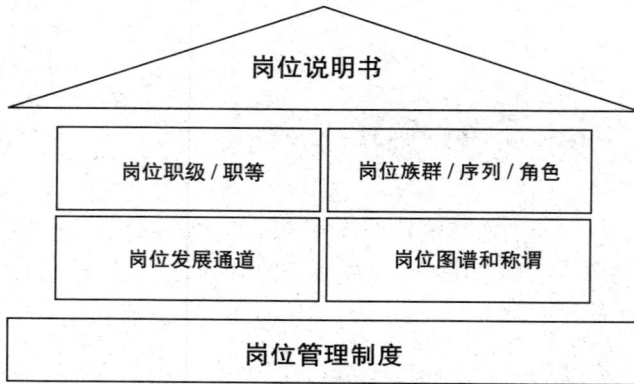

图 4-2　岗位管理体系

整个岗位管理体系就像一间用积木搭成的房子，房顶是岗位说明书，是岗位管理体系最外显的部分。房子基座是岗位管理制度，决定了整个岗位管理的基调。房子中有岗位职级 / 职等、岗位族群 / 序列 / 角色、岗位发展通道、岗位图谱和称谓 4 间屋子，代表岗位管理应用的 4 个模块，是岗位管理体系在层级划分、岗位归类、规划路线和设计称号 4 个方面的表现形式。

4.1.2　层级划分：岗位职级 / 职等设计

岗位的职级 / 职等属于一种岗位层级。岗位层级划分关系到组织管理的纵向权限分布、岗位的汇报层级关系、岗位的相对价值分布。组织可以从专业知识、岗位能力、贡献大小、业务领域影响力等角度来测量岗位的价值，划分岗位的职级 / 职等。

职级和职等的含义相同，都代表岗位的等级。职级和职等可以单独使用，也可以放在一起使用。职级 / 职等单独使用的演示如表 4-1 所示。

表 4-1　职级 / 职等单独使用的演示

职级 / 职等	代号
1	A1
2	A2
3	A3
4	A4
5	A5
6	A6

职级 / 职等	代号
7	A7
8	A8
9	A9

表 4-1 中的代号可以根据组织需要取名，没有固定格式，也可以根据组织的职业发展通道不同，设计管理序列代号、技术序列代号、销售序列代号、生产序列代号等多个不同序列的代号，并放在同一张表中。

将职级和职等放在一起使用主要是为了将等级分类，在划分等级的同时形成不同的等级归属。针对不同的等级归属，组织可以赋予其不同的定义。职级和职等放在一起时，可以叫职级职等，也可以叫职等职级，二者没有本质区别，一般习惯把作为大类的名称放在前面，把作为小类的名称放在后面。

职级和职等放在一起使用的演示如表 4-2 所示。

表 4-2 职级和职等放在一起使用的演示

职级	职等	代号
1	1	A1B1
	2	A1B2
	3	A1B3
2	1	A2B1
	2	A2B2
	3	A2B3
3	1	A3B1
	2	A3B2
	3	A3B3

表 4-2 中的职级代表大类，职等代表小类，职级和职等调换位置后，依然成立。表 4-2 在应用时一般叫职级 / 职等，如果将职级和职等调换位置，则叫职等职级，二者仅名称不同，含义相同。代号中第 1 个字母 + 数字代表大类的编号，第 2 个字母 + 数字代表小类的编号。

岗位职级 / 职等通常与薪酬联系比较紧密。不同组织对职级 / 职等的定义和应用有一定的差异，表达方式也可能有所不同，但大方向是相同的。要体现使用职级 / 职等确定薪酬，组织可以采取宽带薪酬模式。

宽带薪酬模式的产生可以追溯到 20 世纪 80 年代末到 90 年代初的美国，当时大部分的组织发现了传统职能型组织机构和事业部型组织机构的弊端，开始"去层级化"，组织机构趋于扁平化，组织流程也相应更新变化，人员的轮岗情况增加，组织越来越重视员工的职业发展。这时候，宽带薪酬模式应运而生。

宽带薪酬模式是一种薪酬浮动范围较大的模式。宽带薪酬模式是由传统的窄带薪酬模式演化而来的，它在窄带薪酬模式的基础上对薪酬等级和薪酬变动的范围做了重新组合，把原来数量比较多、跨度小的薪酬等级减少，将薪酬上下级之间的浮动范围拉大。

从窄带薪酬模式到宽带薪酬模式的演化过程如图 4-3 所示。

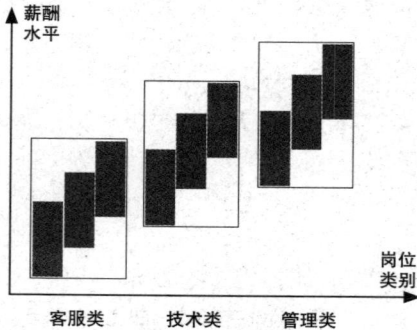

图 4-3　从窄带薪酬模式到宽带薪酬模式的演化过程

窄带薪酬模式在某一类岗位上会划分出多个不同的薪酬层级，人数较多的组织可能有十几个甚至几十个薪酬层级。在此基础上，宽带薪酬模式做出了归类和改变。如此一来，原本很多的薪酬层级减少，每个层级从而显得更"宽"，同时每个层级的薪酬上下值范围也更"宽"。宽带薪酬模式导致形成的新的薪酬福利体系，能够适应新的管理模式、业务发展和竞争环境的需要。

传统薪酬模式与宽带薪酬模式最大的差异在于两者的着眼点和定位不同，如图 4-4 所示。

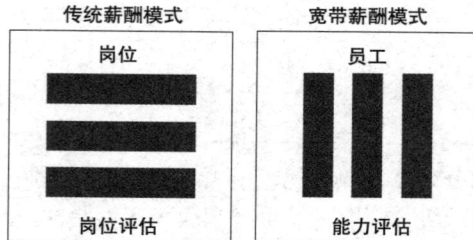

图 4-4　传统薪酬模式与宽带薪酬模式的着眼点和定位

传统薪酬模式更注重岗位差异，通过岗位评估定位岗位的价值，通过岗位的价值定位岗位的薪酬。宽带薪酬模式更注重员工个体能力的差异，通过能力评估定位员工能力的价值，通过能力的价值定位员工的薪酬。另外，宽带薪酬模式有助于员工的职业发展。

传统薪酬模式适用于职能型、事业部型或其他偏纵向型的组织机构，在这类严密的直线层级制组织机构中，薪酬的设计聚焦在岗位的设置上，以岗位评估为基础，以任务目标为导向。

宽带薪酬模式适用于流程型、网络型或者其他偏横向型的组织机构，在这类工作和汇报关系趋于扁平化的组织中，薪酬的设计聚焦在员工（也就是人）的发展上，以能力评估为基础，以员工的职业发展为导向。

举例

A公司把所有职位划分成7个职级，分别是员工、主管、经理、高级经理、总监、副总经理、总经理。每个职级分成9个职等，每个职等对应着不同的月薪标准。A公司职级职等与月薪标准的示意图如图4-5所示。

员工级

职级	职等	月薪标准/元
	上限	6800
一级	一等	6200
一级	二等	5600
一级	三等	5100
二级	一等	4600
二级	二等	4200
二级	三等	3800
三级	一等	3500
三级	二等	3100
三级	三等	2800

主管级

职级	职等	月薪标准/元
	上限	8200
一级	一等	7500
一级	二等	6800
一级	三等	6200
二级	一等	5600
二级	二等	5100
二级	三等	4600
三级	一等	4200
三级	二等	3800
三级	三等	3500

经理级

职级	职等	月薪标准/元
	上限	10000
一级	一等	9000
一级	二等	8200
一级	三等	7500
二级	一等	6800
二级	二等	6200
二级	三等	5600
三级	一等	5100
三级	二等	4600
三级	三等	4200

高级经理级

职级	职等	月薪标准/元
	上限	12000
一级	一等	11000
一级	二等	10000
一级	三等	9000
二级	一等	8200
二级	二等	7500
二级	三等	6800
三级	一等	6200
三级	二等	5600
三级	三等	5100

总监级

职级	职等	月薪标准/元
	上限	14600
一级	一等	13200
一级	二等	12000
一级	三等	11000
二级	一等	10000
二级	二等	9000
二级	三等	8200
三级	一等	7500
三级	二等	6800
三级	三等	6200

副总经理级

职级	职等	月薪标准/元
	上限	17600
一级	一等	16000
一级	二等	14600
一级	三等	13200
二级	一等	12000
二级	二等	11000
二级	三等	10000
三级	一等	9000
三级	二等	8200
三级	三等	7500

总经理级

职级	职等	月薪标准/元
	上限	21400
一级	一等	19400
一级	二等	17600
一级	三等	16000
二级	一等	14600
二级	二等	13200
二级	三等	12000
三级	一等	11000
三级	二等	10000
三级	三等	9000

图4-5 A公司职级职等与月薪标准的示意图

对岗位职级职等的划分也可以有不同的形态。

B公司把所有职位划分成7个职级，分别是员工、主管、经理、高级经理、总监、副总经理、总经理。每个职级分成9个职等，每个职等对应着不同的月薪标准。B公司职级职等与月薪标准的示意图如图4-6所示。

职级：员工

职等	月薪标准/元
1	6200
2	5600
3	5100
4	4600
5	4200
6	3800
7	3500
8	3100
9	2800

职级：主管

职等	月薪标准/元
1	7500
2	6800
3	6200
4	5600
5	5100
6	4600
7	4200
8	3800
9	3500

职级：经理

职等	月薪标准/元
1	9000
2	8200
3	7500
4	6800
5	6200
6	5600
7	5100
8	4600
9	4200

职级：高级经理

职等	月薪标准/元
1	11000
2	10000
3	9000
4	8200
5	7500
6	6800
7	6200
8	5600
9	5100

职级：总监

职等	月薪标准/元
1	13200
2	12000
3	11000
4	10000
5	9000
6	8200
7	7500
8	6800
9	6200

职级：副总经理

职等	月薪标准/元
1	16000
2	14600
3	13200
4	12000
5	11000
6	10000
7	9000
8	8200
9	7500

职级：总经理

职等	月薪标准/元
1	19400
2	17600
3	16000
4	14600
5	13200
6	12000
7	11000
8	10000
9	9000

图4-6 B公司职级职等与月薪标准的示意图

一般来说，职级职等越高，月薪标准越高。但因为存在技术类岗位，组织中存在价值贡献较大但职级职等较低的员工，这时候组织为了鼓励这部分员工积极工作，可以提高其月薪标准。所以组织中可能会出现某员工的职级职等较低，但月薪标准高于职级职等较高员工的情况。

4.1.3　岗位归类：岗位族群／序列／角色设计

提出岗位族群／序列／角色的概念主要是为了更好地实施岗位管理，划分岗位类别。随着很多组织规模越来越大，员工人数越来越多；随着社会化分工越来越细致，岗位的种类也变得越来越多。不要说一些超大规模的组织，就是在一些中等规模的组织中，岗位的种类达到上百个也不是什么稀奇事。

随着岗位种类越来越多，组织要管理好这些岗位，就需要给岗位归类。岗位的族群／序列／角色就是给岗位归类的方法。

岗位族群是一系列工作内容相近或相似，一些满足岗位要求的岗位任职者所需要的知识、技能、所在领域相同或相近的岗位的集合。

岗位序列是在岗位族群之下、岗位角色之上，介于族群和角色之间对岗位族群做的进一步细分，对岗位角色做的进一步总结。

岗位角色是根据岗位职责的特点，对岗位执行职责时的特点进行概括性描述所形成的特有的岗位类别。

建立岗位的族群／序列／角色体系有什么好处？

（1）能够给人力资源调配提供一个新的工具，实现对数量庞大的岗位的动态管理。

（2）建立多通道的职业发展路径，拓宽员工在组织中的发展空间，加大对核心人员的保留与激励力度。

（3）可以针对不同岗位类别，制定个性化的人力资源管理配套方案，包括薪酬激励、培训与发展、人员选拔与流动、绩效管理等。

根据实际情况的不同，组织可以有区别地应用族群／序列／角色的概念。一般来说，人员规模越大、岗位种类越多、人员分布越分散的组织，越要应用族群／序列／角色的概念；人员规模比较小、岗位种类比较少、人员分布比较集中的组织，可以只应用序列和角色的概念。

如今已经有很多互联网公司在淡化岗位，强调角色。在这类组织中，某员工处于什么岗位并不关键，该员工扮演什么角色更关键。有的角色对组织很重要，价值很高；有的角色对组织相对不重要，价值也较低。

如何划分岗位的族群／序列／角色？

一般来说，族群可以应用在不同行业或地区间；同一族群内部，应遵循相对统一的业务模式。

例如某集团公司的主营业务分成三大板块——传统生产制造业板块、高新技术生产制造业板块、互联网金融业务板块。这三大板块的主营业务基本没有关联，岗位差别较大。此时，可以为这三大板块中的每个板块划分岗位族群。

例如某跨国公司在中国、泰国、英国、美国 4 个国家分别设有分公司，每个国家分公司的业务模式比较统一，此时可以将所有岗位划分为中国区族群、泰国区族群、英国区族群和美国区族群。如果在同一国家的不同地区业务模式有差异，也可以进一步细化族群。

在每个岗位族群中，序列 / 角色的划分可以参考迈克尔·波特的价值链模型。按照价值链模型划分组织的序列 / 角色后，能够看出组织中哪个环节的价值相对较高，哪个环节的价值相对较低。对于价值比较高的环节，组织应当在人力资源和财务资源上重点倾斜；对于价值比较低的环节，组织可以在人力资源和财务资源上给予比较少的支持。

举例

针对某公司高新技术生产制造业板块的岗位族群，按照价值链模型对岗位的序列 / 角色划分的结果如图 4-7 所示。

序列	管理序列	人力资源序列	财务管理序列		行政序列	
角色	高层管理	人力资源	财务	审计	档案管理	行政文秘
序列	技术序列		科研项目管理	质量控制序列		安环管理
角色	技术研发	生产工艺	项目管理	质量检测	体系认证	安环管理
序列	后勤保障序列					信息序列
角色	保卫	司机	厨师	宿管	勤杂	信息管理
序列	采购序列	生产序列				市场序列
角色	物资供应	仓库管理	设备维修	生产实施	生产统计	市场开发维护 / 售后服务

图 4-7　某公司按照价值链模型对岗位的序列 / 角色划分的结果

运用岗位的族群 / 序列 / 角色来区分岗位，有利于对不同的岗位做价值分析，有利于设计岗位的薪酬福利体系，有利于区别岗位特性从而进行薪酬调整，也有利于组织的职级职等建设和其他人力资源管理工具的应用。

上述案例的技术序列中包含两种角色——技术研发角色和生产工艺角色。这两种角色的价值存在明显差异，一般来说，技术研发角色的价值明显要高于生产工艺角色。此时在岗位价值评估、薪酬设计、职业发展路径设计上，这两种角色都应当不同。

举例

有一次笔者到一家公司做人力资源管理咨询，这家公司的销售部门中有个岗位是销售助理。这个销售助理岗位实际上属于行政文秘角色，和行政管理部门中的行政助理是一类。但笔者发现销售助理的工资比行政助理高很多，便问那家公司人力资源部负责人为什么会出现这种情况。

他回答："因为销售助理服务的是销售部门，销售部门是公司的龙头部门，当然应该给销售助理更高的工资。"

销售部门确实可以是公司的龙头部门，但销售部门中的市场开发、产品销售等角色才是部门的高价值角色，销售助理和行政助理在角色上是相同的，应当采取相同的薪酬水平，不能因为部门不同就存在差异。

在用序列和角色划分岗位类别、查看岗位价值时很容易就能发现这类问题，但如果只查看岗位，就不太容易发现这类问题。

当组织实施人力资源分析时，也可以用岗位的族群／序列／角色来分析人力资源数量，而不是单纯依靠传统部门或岗位来分析。

4.1.4　规划路线：岗位发展通道设计

人往高处走，水往低处流，成长之心人皆有之。组织要想有效留住员工，除了为员工提供物质回报外，还应为员工提供岗位发展通道，让员工有成就感和自我实现的机会。要想做好这些，组织就要做好员工的岗位发展通道设计。

岗位发展通道通常可以分成3种类型。

1. 横向岗位发展通道

在横向岗位发展通道中，组织可以采取工作轮换的方式，通过横向的调动使工作具有多样性，使员工焕发新的活力、迎接新的挑战。这类岗位发展通道虽然没有直接提供加薪或晋升的机会，但可以增加员工的新鲜感和价值。如果组织没有足够多的高级职位提供给每位员工，而长期从事同一项工作容易使人备感枯燥无味，可采用此种类型。

2. 双重岗位发展通道

在双重岗位发展通道中，岗位发展可以分成管理通道和技术通道两条，员工沿着管理通道可以通往职级更高的管理职位，沿着技术通道可以通往更高级的技术职位。在组织中，两条通道在同一等级上的地位和利益是平等的，员工可以自由选择两条通道中的任意一条发展。这种类型的岗位发展通道可以保证组织既拥有高技能的管理者，同时又拥有高水平的专业技术人员。

3. 多重岗位发展通道

多重岗位发展通道是在双重岗位发展通道的基础上又分出多条通道，以为员工提供更多的机会和更大的发展空间。例如管理通道上的员工发展到一定层级后，组织为其提供带领团队创业或成为合伙人的机会；技术通道上的员工发展到一定层级后，组织为其提供成为技术带头人或技术管理人员的机会。这种岗位发展通道为员工提供了更多的职业发展机会。

这 3 种类型之间的关系如图 4-8 所示。

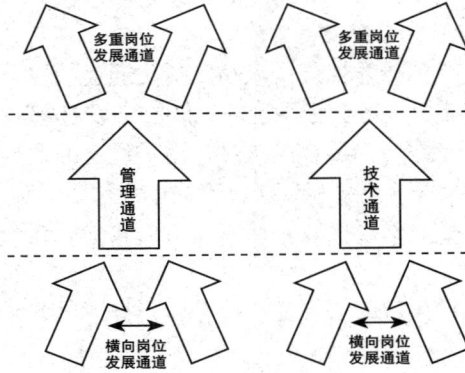

图 4-8 3 种岗位发展通道的关系

不同的组织有不同的员工岗位发展通道，常见的有 4 种，分别是管理类、业务类、技术类和操作类，如图 4-9 所示。

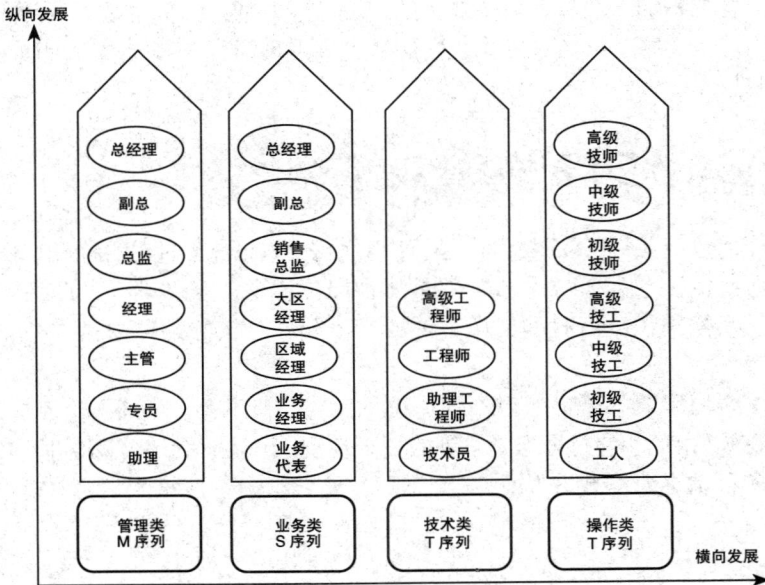

图 4-9 岗位发展通道示意图

管理类通道适用于组织的各类人员。在一般组织中，不论部门负责什么工作，都要有对应的管理者。有时候为了人才梯队建设，还会在部门内设计一些副职。这种部门正职和副职的岗位发展通道就属于管理类通道。

业务类、技术类和操作类区别于管理类，走的是专业精深路线。在有的大型组织中，因为岗位比较多，可能还会设置出更多的岗位发展通道。

业务类通道适用于从事市场销售的人员。这类通道的晋升主要看业绩，业绩越好，岗位层级越高。

技术类通道适用于从事技术工作的人员。这类通道的晋升主要看技术能力，技术能力越强，技术经验越丰富，成功经验越多，岗位层级越高。

操作类通道适用于从事生产工作的人员。这类通道的晋升和技术类通道类似，不同的是技术类主要偏实验室操作，操作类偏产品的量产。

在有些互联网公司中，产品的技术研发和生产属于同一个部门，这时候可以使用同一条技术类通道。

组织可以根据通用的岗位发展通道设计符合自身情况的通道，让员工既可以横向发展，又可以纵向发展。

这里要注意明确晋升条件和晋升标准，避免模棱两可的情况。例如，有些晋升规则中说的"表现优秀""业绩突出"等，就是典型的不确切的描述；比较量化、确切的晋升描述可以是"销售业绩排名前10%""360度考评结果排名前20%""绩效考核得分排名前30%"。

在职业发展过程中，如果员工想要转换岗位发展通道以寻求横向发展，一般需要参加相应岗位的培训，在拥有岗位要求的相关技能并通过部门的面试和评价后，才可以转换。当员工选择继续留在本岗位发展通道中发展时，一般需要参加岗位晋升的相关培训，并且通过本部门的相关考核。

4.1.5　设计称号：岗位图谱和称谓设计

岗位称谓也叫头衔（Title），是组织对处在该岗位上的人的称呼。例如，某公司人力资源部的王总监，"总监"就是一种岗位称谓；张助理，"助理"也是一种岗位称谓。当把组织中所有的岗位称谓放在一起，并按照某种逻辑排列后，就会形成岗位图谱。

岗位图谱和称谓本质上是对不同岗位的归类整理和统一命名。组织可以根据岗位族群／序列／角色和岗位职级／职等的划分情况，确认组织岗位图谱和称谓的设计。岗位图谱和称谓通常呈现出横纵交叉关系。某组织岗位图谱和称谓关系如图4-10所示。

对应等级	管理类通道 岗位称谓	技术类通道 岗位称谓
16~18	总监	首席工程师
13~15	高级经理	资深工程师
10~12	经理	高级工程师
7~9	高级主管	中级工程师
4~6	主管	工程师
1~3	专员	助理工程师

图 4-10 某组织岗位图谱和称谓关系

岗位称谓原本是组织内部的特有称呼，文化相近的不同组织往往会采用相似的岗位称谓。例如在很多韩资公司中，社长通常为公司的负责人和最高权力人；在很多日资公司中，课长通常为某部门（课）的主管。

组织在设计岗位称谓时，应当参照当地的风土人情和文化系统；如果没有特殊需要，可以仿照同行业或同类组织的岗位称谓设计方法。例如在一些传统制造业公司中，员工们已经习惯将生产技术类岗位的人员称呼为"某工"，公司就可以统一将这类岗位称谓设计为"工程师"。当然，组织可以根据岗位的职级/职等，在"工程师"前加不同的形容词。

出于一些考量，组织也可以打破常规，设计出适用于本组织的岗位称谓。例如岗位称谓可以作为一种员工激励方式。大组织往往等级森严，岗位称谓的执行比较严格，而小组织则可以根据需要灵活调整岗位称谓。有些小组织为了增强员工的责任感，将基层员工的岗位称谓全部设计为"经理"或"主管"，并且印在员工的名片上。

有些比较扁平化的组织，出于强调内部员工平等性的考虑，独辟蹊径，除了高管人员和某些部门负责人外，对其他岗位不设计岗位称谓。例如，阿里巴巴公司有个独特的岗位称谓制度，也叫花名制度，凡是加入阿里巴巴的人，都要给自己取一个花名。这样做的好处是可以消除等级感，拉近员工间的距离，减少员工间的差异感，彰显员工形象，增加工作趣味。很多组织也模仿阿里巴巴的花名制度来设计岗位称谓。

岗位图谱和称谓设计没有固定的套路，不论是尊重传统、打破常规还是独辟蹊径，不论是过分重视还是并不看重，都有各自的道理。只要是适合组织的，有助于组织愿景达成、战略目标实现的，有助于组织获取长远利益的，都可以采用。

在设计岗位图谱和称谓时，需要注意在有些历史比较悠久的组织中，内部已经形成了比较熟悉的、惯用的岗位称谓，此时最好的策略就是尊重内部文化。如果不是出于某种合理的目的，最好不要刻意去打破或改变这种文化，更不要与之抗衡。

举例

笔者曾经给一家有30年历史的制造业集团公司做管理咨询，该公司内部中基层管理者已经习惯了称呼分公司总经理为"厂长"。

因为该集团公司的顶层管理者变换，集团公司总经理期望将分公司的岗位称谓全部西化。我们按照这种思路设计岗位图谱和称谓，推行的时候引发了不小的文化冲突。

虽然集团公司的岗位管理制度变了，但员工私底下还是按自己习惯的称谓称呼对方，岗位管理制度形同虚设。而且因为称谓与习惯不符，很多中基层管理者也不接受整个岗位管理制度。

后来我们按照这家集团公司员工习惯的称呼来设计岗位称谓，员工很容易理解，整个岗位管理制度推行得也比较成功。所以，能够尊重和顺应组织内部文化时，我们没必要去刻意打破。

4.2　岗位定编

确定人力资源使用数量的方法被称为岗位定编。合理的岗位定编有助于降低人力资源成本，提高人力资源效能。常见的岗位定编计算方法包括劳动效率法、预算控制法、业务流程法和行业对标法4种。

4.2.1　强调价值：劳动效率法

劳动效率法就是根据生产任务、员工的劳动效率以及出勤等因素来进行岗位定编，或者是根据工作量和劳动定额来进行岗位定编。

凡是实行劳动定额的岗位，特别是以手工操作为主的岗位，都适合采用这种方法。对于一些强调劳动效率的组织，也可以采取这种岗位定编方法。

劳动效率法的通用计算公式如下：

定编人数 = 计划期生产任务总量 ÷（员工劳动效率 × 出勤率）

举例

某公司要上线某个新项目，需要针对该项目计算岗位编制并制订招聘计划。

该项目明年的生产任务总量为100万件。这家公司每个工人的平均劳动效率是每天生产10件（工人的劳动产量定额是每天生产10件），工人的年平均出勤率为90%。该公司工人的定编人数应是多少？

工人定编人数 $=1 \times 10^{6} \div [10 \times （365-2 \times 52-11） \times 90\%] \approx 445$（人）。

其中，"1×10^6"指计划期生产任务总量为 100 万件。

"10"指员工每天的劳动效率，即每天生产 10 件。

"365"是 1 年的天数。

"2×52"是一年内的公休天数。

"11"是每年国家法定节假日的天数。

"90%"是出勤率。

劳动定额的基本形式有产量定额和时间定额两种。上例是按产量定额计算的，如果按照时间定额计算的话，计算公式如下：

定编人数 = 计划期生产任务总量 × 时间定额 ÷（工作时间 × 出勤率）

举例

某公司明年的生产任务总量为 100 万件，产品的时间定额是 1 小时，也就是每生产 1 件产品需要消耗 1 个工人 1 小时的时间。该公司工人的定编人数应是多少？

工人定编人数 $=1\times10^6\times1\div[8\times（365-2\times52-11）\times90\%]\approx556$（人）。

其中，"1×10^6"代表计划期生产任务总量为 100 万件。

"1"代表生产 1 件产品需要的小时数，也就是时间定额。

"8"指每个工人每天工作的小时数。

"365"是 1 年的天数。

"2×52"是一年内的公休天数。

"11"是每年国家法定节假日的天数。

"90%"是出勤率。

4.2.2 关注财务：预算控制法

通过预算控制做岗位定编是财务管控型组织常使用的定编方法，它是通过人力成本预算金额或人力成本预算比率来进行岗位定编的。这种方法一般不会对某一个部门或某一类岗位的具体人数做硬性规定。

应用预算控制法做岗位定编时，一般是部门负责人对本部门的业务目标、岗位设置和员工人数负责，在组织批准的预算范围内，部门负责人自行决定各岗位的具体人数。这里的预算可能是确定的数字，也可能是一个范围，还有可能是销售收入的比率，也就是人工费用率。因为一旦销售收入大幅度增加，员工人数就有可能需要适当地增加。

预算控制法的通用公式如下：

定编人数 = 销售预算额 × 预算人工费用率 ÷ 平均每人的人力成本额

举例

某集团公司下设 20 家分公司。该集团公司没有时间和精力对 20 家分公司进行事无巨细的管理，而且过度管理还可能引起 20 家分公司总经理的反感。于是集团公司决定，主要管控这 20 家分公司的财务结果，包括销售预算额和利润额。

要管控财务结果，必须要有一定的财务过程测算作为保障。一般来说，如果没有特殊情况，不会出现一家分公司各类成本超标，利润却达标的情况。所以集团公司要管控财务结果，实际上也要管控分公司的各项财务支出。人力成本支出就是财务支出中的重要一项。

该集团公司对分公司的人力资源岗位定编采取预算控制法。该集团公司通过财务预算，给分公司设定人力成本预算额。此时，集团公司就只管控分公司的总人力成本预算，通过总人力成本预算来管控总人数。

在总人力成本预算范围内，分公司具体如何用人是分公司的事，集团公司不做过多干涉。集团公司主要是从财务成本上做好管控，保证财务成本不超预算。

上例这种财务管控模式的管理成本比较低，在很多规模比较大的集团公司中应用得比较广泛。当然，上例只是简化说明原理。财务管控模式并不代表集团公司只管分公司的财务，其他事项就真的都不管。

一般来说，除财务管理外，对于一些重大战略决策、重要管理岗位的人事任命及比较重要的领域，集团公司依然会对分公司进行必要的管控。

非集团化组织、小规模组织也可以应用预算控制法，且应用原理是相同的。组织总部可以为各部门制定人力成本预算，由于组织资源有限，而且资源与产出之间密切相关，所以应用预算控制法可以严格限制各部门人数。

举例

某集团公司给 A 子公司设定的明年的销售预算额是 10 亿元，预算人工费用率是 10%。A 子公司平均每人每年的人力成本额是 8 万元。A 子公司的定编人数应是多少？

A 子公司定编人数 $=10 \times 10^8 \times 10\% \div (8 \times 10^4) = 1250$（人）。

其中，"$10 \times 10^8 \times 10\%$" 指的是明年的人力成本预算额。

如果遇到组织战略调整或市场环境发生较大变化，预算相应发生了重大变化，那么定编人数也应做出调整。

举例

接上例。假如市场形势比较好，A 子公司明年的销售预算额调整为 12 亿元，则按照预算控制法，该子公司定编人数的计算方法如下。

A 子公司定编人数 $=12 \times 10^8 \times 10\% \div (8 \times 10^4) = 1500$（人）。

其中，"$12 \times 10^8 \times 10\%$" 是明年的人力成本预算额。

4.2.3 拆分工序：业务流程法

业务流程法是根据岗位的工作量和各岗位员工的工作效率来进行岗位定编的方

法。员工的工作效率可以用单位时间产量和单位时间处理业务量来表示。根据组织总业务量，可以确定不同流程的工作量，然后根据业务流程的衔接确定各岗位员工数量。

简单地说，就是首先确定某道工序有多少个流程，每个流程的工作量如何，每个流程员工的工作效率如何；然后分别用每个流程的工作量和员工的工作效率计算每个流程需要的员工数量；最后，把所有流程需要的员工数量加在一起，得出整个部门需要配置的员工总数。

业务流程法的原理类似于劳动效率法，但因为业务流程法是分步骤和分流程进行的，所以计算过程比劳动效率法更复杂。而且业务流程法需要收集大量业务流程中的关键数据，因此在这一点上其比劳动效率法更难。

业务流程法没有固定的公式，需要一事一议。

举例

某部门每天的工作流程一共有 5 个，每个流程每天需要完成的工作量及平均每名员工每小时能完成的工作量如表 4-3 所示。

表 4-3 某部门每个流程每天需要完成的工作量及平均每名员工每小时能完成的工作量

流程	1	2	3	4	5
每天需要完成的工作量 / 时	72	64	160	40	80
平均每名员工每小时能完成的工作量 / 时	3	4	5	5	1

该部门员工的出勤率是 80%，此时，该部门应配备多少名员工？

该部门的定编人数 $=[72\div（3\times8）+64\div（4\times8）+160\div（5\times8）+40\div（5\times8）+80\div（1\times8）]\div80\%=25（人）$。

其中，"8"指的是每名员工每天工作 8 小时。

用每个流程每天需要完成的工作量除以每名员工每天的工作量，能够得到每个流程需要的员工数量。

上例只是简单演示，实际进行岗位定编时，应当有比较具体的场景，而且通常需要进行长时间、大量的数据收集工作。如果没有足够的数据，组织很难利用业务流程法进行岗位定编。

4.2.4 寻找参照：行业对标法

行业对标法是相对比较简单的岗位定编方法，很多初创组织适合采用行业对标法进行岗位定编。劳动效率法、预算控制法和业务流程法这 3 种岗位定编方法不仅需要组织内部具备一定的管理基础，而且需要大量数据支持。而行业对标法不需要组织内部具备比较坚实的管理基础，就算是初创组织或刚成立的团队，之前没有任何数据积累，也可以用这种方法。

行业对标法是应用行业对标组织的情况来进行岗位定编的方法。行业对标法可以利用某个特定行业、特定组织中某类岗位人员数量和另一类岗位人员数量的比例来确定岗位人员数量，也可以理解为参照标杆组织或对标组织的情况来设计自身的岗位编制。

在相同类型的组织中，因为存在专业化分工和协作要求，某一类人员和另一类人员之间比较容易存在一定的比例关系，而且二者有可能因为某种因素相互影响，彼此因某种变化而产生变化，所以行业对标法也比较适合对人力资源管理、行政管理、后勤管理等各种辅助支持类岗位定编。此时岗位定编的计算方法可以参照如下通用计算公式：

某类岗位定编人数 = 另一类岗位人员总数 × 对标组织定员比例

举例

某连锁餐饮服务公司现有一线服务人员 1 万人，在行业内其他对标公司中，人力资源管理人员和一线服务人员的比例一般是 1 : 100。这家公司应配置多少人力资源管理人员？

该公司人力资源管理人员人数 =$1\times10^4\times1/100$=100（人）。

4.3 岗位分析与效率提升

在岗位管理的层面，OD 要掌握岗位分析方法，了解岗位的基本情况；掌握岗位评估矩阵，判断岗位的绩效、能力和经验情况；掌握帮助岗位提升效率的方法，让岗位工作效率不断提升。

4.3.1 认识岗位：岗位分析方法

常见的岗位分析方法包括观察分析法、岗位访谈法、工作实践法和问卷调查法4种。其中，准确度比较高、比较常用的岗位分析方法是观察分析法和岗位访谈法，工作实践法和问卷调查法可以作为对前两种方法的补充验证。

1. 观察分析法

观察分析法是通过观察分析进行岗位分析的方法。它通过对特定对象的观察，把有关工作各部分的内容、原因、方法、程序、目的等信息记录下来，把取得的岗位信息归纳整理为文字资料。

观察分析法取得的信息比较广泛、客观、正确，但要求 OD 有足够的经验，而且在必要的时候懂得提问和纠偏。这种方法比较适用于工作内容标准化程度比较高、变化性和创新性比较弱的岗位，不适用于创新性和可变性比较强、循环周期长和以脑力劳动为主的岗位。

运用观察分析法的时候，除了记录现状之外，OD 还可以通过观察，发现并分析员工的作业动作中哪些是产生价值的，哪些是无价值甚至产生了副作用的，然后对员工的作业动作持续修正，让员工在未来的工作中保持正确的作业动作，减少错误的作业动作，规范作业流程，从而显著提高生产效率，降低生产成本。

2. 岗位访谈法

岗位访谈法是 OD 通过与任职者面对面谈话来收集信息资料的方法。岗位访谈包括单独访谈和团体访谈。这种方法比较适合工作内容标准化程度比较低、变化性和创新性比较强的岗位，例如人力资源管理、行政管理等难以从外部直接观察的岗位。实施岗位访谈法，OD 需要掌握比较好的访谈技巧。

岗位访谈法是一种事实挖掘类的访谈，其目的是获得事实而非观点或偏见，所以 OD 要注意引导整个访谈过程，把被访谈者带入整个访谈的主题中，让被访谈者针对问题回答事实而不是阐述个人的观点，同时给被访谈者留出足够的时间思考。

在岗位访谈的过程中，为了防止被访谈者不断表达个人观点或情绪，OD 要不断澄清事实，使用一定的提问和倾听技巧，及时澄清被访谈者没有表达清楚的内容。

3. 工作实践法

工作实践法，又叫工作参与法，指 OD 实际从事待研究岗位的工作，在工作过程中掌握第一手资料的方法。采用这种方法，OD 可以切身体会岗位工作的实际任务以及岗位在体力、环境、社会方面的要求，从而细致、深入、全面地体验岗位工作。

工作实践法适用于工作内容短期内可以掌握的岗位，那些技术难度比较高，需要接受大量训练才能掌握或危险系数比较高的岗位，不适合采取这种方法。

实施工作实践法的优点是可以实现与岗位的零距离接触，获得的岗位信息比其他所有岗位分析方法都更真实，OD 的感触更深，OD 能获得一些采用其他岗位分析方法时无法获取的信息与感受。

实施工作实践法的缺点是由于 OD 自身知识和能力的限制，这种方法的应用范围比较窄，这就决定了很多门槛比较高的岗位很难实施工作实践法。而且与其他岗位分析方法相比，这种方法的时间成本比较高。

4. 问卷调查法

问卷调查法是 OD 根据岗位分析的目的、内容编写调查问卷，通过发放调查问卷，由岗位任职者填写调查问卷，然后收集并整理信息，提炼出岗位内容的方法。

比较适合运用问卷调查法的情况如下。

（1）组织已经拥有比较好的人力资源管理基础，且已经具备岗位分析的基础数据信息。

（2）OD 已经对岗位具有一定的了解，需要补充收集信息。

（3）待分析的岗位种类和数量较多，没有时间实施其他岗位分析方法。

岗位分析调查问卷应当根据岗位的实际情况设计，其通用模板如表 4-4 所示。

表4-4　岗位分析调查问卷通用模板

填表日期：				
工作部门		职务名称		
一、岗位概述 1.该岗位存在的目的是什么？ 2.该岗位的职责和被考核的具体成果是什么？				
二、职责内容 1.什么是该岗位应履行的职责？ 2.什么是该岗位最关键、最核心的职责？ 3.该岗位还有哪些突发的临时性工作？				
工作项目		处理方式程序		所占每日工作时数
三、职责程度 1.工作复杂性。 2.所受监督。 3.对工作结果的负责程度（对自己、部门或整个公司负责）。 4.与人接触程度（公司内部、外部）。				
四、环境是否特殊？噪声、辐射、污染、异味等情况如何？				
五、需要做出什么行为，以及具备怎样的素质、知识、经验？				
填表人签字		直接上级签字		

4.3.2　呈现结果：岗位评估矩阵

OD 要想整体把握组织内部各岗位的工作情况，评估各岗位的工作成果，可以使用岗位评估矩阵。岗位评估矩阵是将组织的编制情况、组织内部各成员的绩效情况、司龄、职级/职等情况等展示在一张组织机构图中，以快速查找、判断和发现团队中问题的方法。岗位评估矩阵样图如图 4-11 所示。

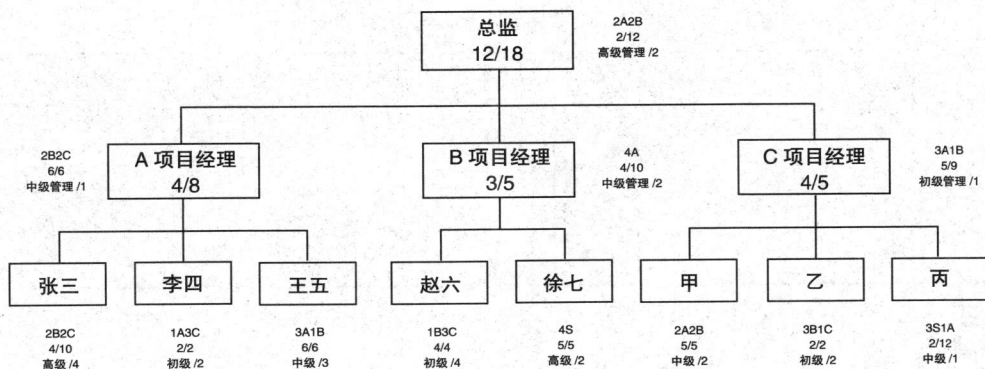

图 4-11 岗位评估矩阵样图

图 4-11 中，方框内包含了岗位名称和该岗位任职者。方框内的数字信息，前一个表示所在部门的现有人数，后一个表示部门的编制总人数。通过现有人数和编制总人数，能够看出团队人员的缺失情况。

方框旁边的信息，第 1 行表示该岗位过往连续 4 个绩效周期的绩效评估结果。通过连续 4 个绩效周期的绩效评估结果，能够看出岗位任职者的绩效水平和稳定性。

第 2 行的第 1 个数字表示该岗位任职者的司龄，代表岗位任职者在本组织的工作年限；第 2 个数字表示工龄，代表岗位任职者的总工作年限。通过司龄和工龄等信息，能够看出岗位任职者的经验情况。

第 3 行的第 1 个信息表示该岗位任职者当前的职级 / 职等，第 2 个信息表示处于当前职级 / 职等的年限。通过职级 / 职等和处于当前职级 / 职等的年限信息，能够了解当前岗位任职者的能力和经验情况。

图 4-11 所在组织的绩效评估结果分成 S、A、B、C 共 4 级，S 级代表绩效评估结果最优，C 级代表绩效评估结果最差。

运用岗位评估矩阵实施团队人员的管理与评价能够做到结果一目了然，有效提升管理效率。岗位评估矩阵中的关键信息不限于图 4-11 中展示的内容，OD 可以根据组织实际情况，增加或减少岗位评估矩阵中展示的相关信息，以展现出自身需要的关键信息。

4.3.3 创造价值：岗位效率提升

OD 需要帮助各业务部门提升工作效率，为此，OD 应当分析岗位的基本情况，了解岗位工作的具体内容，与岗位员工一起分析每项工作提升效率的方法，有针对性地提升每项工作的效率。这时候，OD 可以使用工作分析与效率提升表，其样表如表 4-5 所示。

表4-5 工作分析与效率提升样表

发生频率	工作性质	工作内容	工作用时	日均用时	日均用时比例	提升效率方法	改进后日均用时	改进后日均用时比例

表4-5中的"发生频率"指的是工作内容对应的发生频率，可以是每天、每周或每月。

"工作性质"指的是工作内容的性质，根据分析改进的需要，可以是固定性质的工作或非固定性质的工作，可以是管理型工作或事务型工作，也可以是独立工作或团队工作。

"工作内容"指的是岗位主要的工作任务，也可以是岗位的关键职责。

"工作用时"指的是在一个完整年份时间段内，完成该项工作内容需要耗费的总工作时长。

"日均用时"指的是工作用时除以发生频率之后得到的工作时间。这里需注意，当发生频率高于每天时，应使用实际工作日内的时间计算，不应把休假日算在内。

"日均用时比例"指的是每项工作内容对应的日均用时除以日均用时之和之后所得的比例。这个比例能够反映工作内容的分配情况是否合理，是判断工作内容的日均用时是否需要调整的依据。

"提升效率方法"指的是针对每项工作的情况实际分析后，得出每项工作提升效率的方法。

"改进后日均用时"指的是提升效率方法实施落地后的日均用时情况。此时的日均用时有可能减少，代表改进成功；有可能不变，代表改进没有成功；也有可能增加，代表改进不但没有起到正面作用，反而起到了反面作用。

"改进后日均用时比例"指的是改进后日均用时除以改进后日均用时之和之后所得的比例。这个比例可以用于判断改进的效果是否达到预期。

举例

某公司人力资源部分管招聘工作的专员对自身的工作情况做了分析，并针对每项工作的内容和用时情况，结合公司和部门目标，制定出提升工作效率的方法，并对改进前后的情况做了统计，如表4-6所示。

表4-6　某公司人力资源部分管招聘工作的专员的工作分析与效率提升样表

发生频率	工作性质	工作内容	工作用时/时	日均用时/时	日均用时比例	提升效率方法	改进后日均用时/时	改进后日均用时比例
每天	固定	面试	5	5	59.17%	……	4	61.07%
每天	固定	发布招聘信息	1	1	11.83%	……	0.5	7.63%
每天	非固定	指导实习生	0.5	0.5	5.92%	……	1	15.27%
每周	固定	准备并参加人力资源周例会	8	1.6	18.93%	……	0.8	12.21%
每月	固定	与劳务派遣公司结算	4	0.2	2.37%	……	0.15	2.29%
每月	非固定	猎头、劳务派遣费用审批、流转	3	0.15	1.78%	……	0.1	1.53%
合计				8.45	100%		6.55	100%

工作分析与效率提升的方法不仅适用于 OD 帮助业务部门提升各岗位的工作效率，同样适用于 OD 对自身工作的分析与效率提升。

4.4　岗位价值评估的 4 种方法

岗位价值评估是在岗位分析的基础上，对岗位责任大小、工作强度、所需要的资格条件等特性进行评价，确定岗位相对价值的过程。它是确定岗位职级 / 职等的手段，是薪酬分配的基础，也是员工确定职业发展和晋升路径的参照。常见的岗位价值评估方法有 4 种，分别是岗位排序法、岗位分类法、因素比较法和要素记点法。

4.4.1　排出名次：岗位排序法

岗位排序法是根据一些特定的标准，例如工作的复杂程度、对组织的贡献大小等对各个岗位的相对价值进行整体比较，然后按照相对价值高低排出岗位次序的岗位价值评估方法。岗位排序法的核心是排序。

在实际操作时，岗位排序法可以采用两种不同的做法，一种是直接排序，另一种是交替排序。直接排序就是直接从高到低排序。交替排序是可以先排第1名，然后排最后1名，再排第2名与倒数第2名，按此逻辑依次进行；或者先排中间的名次，再排其他名次。这两种方法无好坏之别，主要看操作习惯或实际情况需要。

岗位排序法是最简单的岗位价值评估方法，通常适用于规模较小、生产结构单一、岗位数量较少、岗位设置比较稳定的组织。

实施岗位排序法可以分成3步。

（1）成立岗位排序评定小组，了解岗位的具体情况，收集岗位相关的资料、数据。

（2）小组成员事先确定评判标准，对所有岗位的重要性做出评判。

（3）根据小组成员的排序结果汇总得到最终排序结果。这一步是把经过所有小组成员评定的每个岗位的排序结果加在一起，然后用排序结果之和除以评定人数，得到每个岗位的平均序数；最后根据平均序数，由小到大排出各岗位相对价值的次序。

举例

某公司期望评定常务副总经理、销售经理、财务经理、人力资源经理、技术经理、产品设计经理、生产经理、采购经理8个岗位的价值。

（1）这家公司的总经理、部分股东、外部专家等组成一个5人评定小组，小组成员分别是张三、李四、王五、赵六、徐七。评定小组收集了这8个岗位的岗位说明书、述职报告、周报等各种各样和岗位有关的信息，经5人讨论，基本确定岗位价值排序的标准。

（2）评定小组根据岗位信息中的责任要求、技能要求、知识要求等，对岗位价值进行排序，排序结果如表4-7所示。

表4-7　某公司8个岗位的岗位价值排序结果

评定人	常务副总经理	销售经理	财务经理	人力资源经理	技术经理	产品设计经理	生产经理	采购经理
张三	1	2	8	7	4	3	5	6
李四	1	4	7	6	3	2	5	8
王五	1	2	8	6	3	4	5	7
赵六	1	4	8	7	2	3	6	5
徐七	1	2	8	6	4	3	5	7

表4-7中的数字是不同评定人认为的该岗位的价值排序名次。评定小组中的每个评定人对不同岗位都有自己的理解，所以岗位价值排序名次存在差异。

（3）把经过所有评定小组成员评定的每个岗位价值排序结果汇总得到平均序数，如表4-8所示。

表4-8 评定小组成员岗位价值的平均序数

岗位名称	常务副总经理	销售经理	财务经理	人力资源经理	技术经理	产品设计经理	生产经理	采购经理
平均序数	1	2.8	7.8	6.4	3.2	3	5.2	6.6

表4-8中的数字是将评定人对不同岗位价值排序名次的数字相加后，再除以5（评定小组的人员数量）得出来的。

根据计算出的平均序数，就能对这家公司8个岗位的岗位价值从高到低排序，分别为常务副总经理、销售经理、产品设计经理、技术经理、生产经理、人力资源经理、采购经理、财务经理。

得出此结果后，评定小组成员可以进行最终讨论确认，看此结果是否能得到多数成员的认可。如果能得到多数成员的认可，就可以得到最终结果；如果不能得到多数成员的认可，可以再做一轮排序，也可以讨论如何修改，从而得出最终结果。

通过岗位排序法评估岗位价值的优点是操作比较简单，任何公司都可以实施。但这种方法也有比较大的局限性，具体如下。

1. 主观性强

当某类岗位受特殊因素影响时，例如有些岗位需要员工在高空、高温、高寒或有害有毒环境下工作，此时，评定人常常会倾向于把这类岗位的价值估计得过高。

2. 不能量化

岗位平均序数的差值并不能反映出岗位相对价值的差值，不能作为岗位价值的量化依据。也就是说，虽然有了岗位价值的排序，但此排序中的第1名和第2名之间的差距、第2名和第3名之间的差距并不清楚。

排序有一种暗示作用，也就是说，各个名次之间的差距大概率是相等或相近的，如第1名与第2名之间的差距和第2名与第3名之间的差距可能差不多。但实际情况并非如此，有可能第1名和第2名之间的差距很小，例如差距是0.1，第2名和第3名之间的差距却很大，例如差距是10。

0.1和10之间有99倍的差距，假如应用岗位排序法时，有人认为第1名与第2名之间的差距和第2名与第3名之间的差距差不多，就必然会出现问题。

本小节案例中就存在类似的问题，所有评定小组成员都认为常务副总经理岗位在这8个岗位中应当排第一，但对其他7个岗位，评定小组意见不一。这在一定程度上说明常务副总经理岗位的价值和其他岗位相比差距较大，明显不在相同量级，所以评定小组才能达成一致意见。当然，用常识也可以得出此结论。

本小节案例中岗位价值评估的最终结果是排第1名的是常务副总经理，排第2名的是销售经理，排第3名的是产品设计经理。根据常识也能感受到，常务副总经理和销售经理之间存在明显差距，且这一差距比销售经理和产品设计经理间的差距大。

当然，这并不代表岗位排序法是一种无效或不值得用的岗位价值评估方法，差距较小的岗位就可以采用岗位排序法。例如，某公司的生产车间在不同流程上有很多近似的岗位，这些岗位的价值对整个车间来说都差不多，但车间主任为了使不同岗位形成难度区分，让不同难度的岗位的每月薪酬有一定的差异，此时就可以对这类岗位使用岗位排序法。

4.4.2 定义归类：岗位分类法

岗位分类法是通过制定一套岗位级别标准，把组织中的所有岗位根据工作内容、工作职责、任职资格等方面的不同要求，划分为不同类别、不同级别，通过把待评估的岗位与标准进行比较，将岗位归入各个级别中去的岗位价值评估方法。

应用岗位分类法时有一种比较通用的分类，例如分为行政管理类、技术类、营销类等，然后给每类岗位确定一个岗位价值范围，并且对同类岗位进行排序，从而确定每个岗位的价值。

岗位分类法和岗位排序法一样，都适用于小型的、结构比较简单的组织。

实施岗位分类法可以分成3步。

（1）收集并分析岗位的相关信息；建立岗位级别标准，确定岗位等级数量；对各岗位等级进行定义和描述。

（2）建立评定小组。把待评估的岗位与确定的标准进行对比，从而把这些岗位定位到合适的岗位类别的合适级别上。

（3）对数据进行统计，将等级平均值作为结果。

案例

某公司要对销售经理、销售专员、人力资源经理、人力资源专员、产品设计经理、产品设计专员、采购经理、采购专员8个岗位进行岗位价值评估。

（1）该公司收集各个岗位的岗位说明书等相关信息，并做出相应的分析，设立4级岗位等级体系，具体的等级和描述如表4-9所示。

表4-9 某公司4级岗位等级体系和描述

等级	描述
4	较复杂的职位 需要独立决策 需要监督他人工作 需要接受高级专业技术训练和具有较丰富的经验

续表

等级	描述
3	中等复杂程度的职位 能根据既定政策、程序、技术独立思考 需要具备较高的专业知识水平及一定经验 既要受他人监督，又要监督他人
2	需要一定判断能力的职位 具有初级技术水平 具有一定经验 受主管人员监督
1	完成例行工作事务 按照既定程序工作 受直接主管监督 不含技术色彩

表4-9中的岗位等级体系一共有4级，第4级是最高级，第1级是最低级。其他公司应用时，具体分几级可以根据自身实际情况确定。如果岗位类别较多、差异较大，级数可以适当增加；如果岗位类别较少、差异较小，级数可以适当减少。

（2）该公司的总经理、部分股东、外部专家等组成一个5人评定小组，评定小组成员分别是张三、李四、王五、赵六、徐七，根据岗位等级体系和描述对不同岗位进行评级，得到的结果如表4-10所示。

表4-10　某评定小组对8个岗位的岗位价值评估结果

评定人	销售经理	销售专员	人力资源经理	人力资源专员	产品设计经理	产品设计专员	采购经理	采购专员
张三	4	2	3	1	4	2	3	2
李四	4	1	4	1	3	2	3	1
王五	4	1	3	1	3	1	4	1
赵六	4	2	3	2	4	2	3	1
徐七	4	2	4	2	4	2	3	1

表4-10中的数字代表评定人认为这些岗位分别属于岗位等级体系中的哪一级。

从评估结果可知，评定小组不同成员对岗位应属于哪一级有自己的看法。评定小组5个人除了对销售经理岗位的评定结果一致之外，对其他岗位所处的等级有不同的意见。

（3）在得到评定小组不同成员的岗位价值评估结果后，计算等级平均值，结果如表4-11所示。

表4-11 评定小组成员岗位价值等级平均值计算结果

岗位名称	销售经理	销售专员	人力资源经理	人力资源专员	产品设计经理	产品设计专员	采购经理	采购专员
等级平均值	4	1.6	3.4	1.4	3.6	1.8	3.2	1.2
四舍五入后的等级平均值	4	2	3	1	4	2	3	1

按照等级平均值，8个岗位的岗位价值由高到低排序，分别为销售经理、产品设计经理、人力资源经理、采购经理、产品设计专员、销售专员、人力资源专员、采购专员。

按照四舍五入后的等级平均值，可以把8个岗位分成不同等级，如表4-12所示。

表4-12 四舍五入后的岗位等级分类

等级	岗位
4	销售经理 产品设计经理
3	人力资源经理 采购经理
2	产品设计专员 销售专员
1	人力资源专员 采购专员

岗位排序法和岗位分类法有很多相似之处，这两种方法都属于定性的岗位价值评估方法，都适用于比较小型的组织。

岗位排序法和岗位分类法的主要差别是：岗位排序法是岗位和岗位进行比较，岗位分类法是岗位和特定的级别标准进行比较。岗位分类法的操作与岗位排序法相比稍难，原因是岗位分类法多了建立岗位级别标准的过程。

岗位分类法的灵活性比较强，但同时也存在比较大的局限性，主要体现为以下3点。

（1）岗位分类法与岗位排序法一样，只能做整体的定性评价，难以进行精确评估。

（2）与岗位排序法相比，岗位分类法虽然已经设置了标准，但评价的主观成分仍然较多。

（3）岗位分类法的等级平均值同样只能用来判断岗位所处的等级，无法表示出岗位之间的具体差距。

4.4.3 标点对比：因素比较法

因素比较法是一种相对量化的岗位价值评估方法。因素比较法不关心具体的岗位职责和任职资格，而是先把所有岗位的工作内容抽象成若干薪酬因素，例如可以抽象为智力、技能、责任等薪酬因素；然后把各个薪酬因素划分成不同等级，再根据岗位内容把不同薪酬因素和不同等级对应起来；最后把每个岗位在各个薪酬因素上的得分通过加权的方式得出总分，最后得到总体的岗位价值分。

因素比较法的突出优点是可以根据岗位在各个薪酬因素上得到的评价结果计算出具体的薪酬，这样可以更加精确地反映岗位的相对价值。

因素比较法的适用范围比较广，尤其适用于特殊岗位较多的组织，或者组织原来没有某个岗位，需要新增岗位，但不知道应如何从内容公平性的角度给岗位设计薪酬水平的情况。此时可以在不同的薪酬因素维度下把这些特殊岗位或新增岗位和基准岗位做比较。

实施因素比较法可以分成 4 步。

（1）选择适当的薪酬因素，例如智力、技能、责任、身体条件、工作环境和劳动条件等因素，一般可以选择 5 个作为基准因素。

（2）从全部岗位中选出若干个关键基准岗位，这些岗位对应的薪酬应是被大多数人认为公平合理的。对每个关键基准岗位的每个基准因素分别做比较，按程度高低排序。

（3）组成评定小组，对每个岗位的薪酬进行协调，按基准因素分解，找出对应的薪酬。

（4）对比没有进行评定的其他各岗位与现有已评定完毕的基准岗位，按相近条件的岗位分配计算薪酬。

举例

某公司要新增一特殊岗位——客户服务岗位，其主要工作职责为：负责联络客户需求，产品出现质量问题时负责进行客户关系维护，发现技术工艺或生产过程中的问题，改善产品的客户体验，提高客户满意度，等等。

此时可以采用因素比较法设计岗位的薪酬标准。

（1）选择精神需要、技能需要、责任需要、体能需要和工作环境 5 个因素作为该公司支付薪酬的基准因素。

（2）选择公司中公认薪酬较合理的 5 个关键基准岗位。此处选择的 5 个关键基准岗位分别是技术研发员、产品设计员、工艺改进员、质量监控员和生产操作员。5 个关键基准岗位当前的薪酬标准如表 4-13 所示。

表 4-13　某公司 5 个关键基准岗位当前的薪酬标准

岗位名称	技术研发员	产品设计员	工艺改进员	质量监控员	生产操作员
薪酬标准（元／天 $^{-1}$）	310	300	290	280	260

（3）按照精神需要、技能需要、责任需要、体能需要和工作环境 5 个支付薪酬

的基准因素，将技术研发员、产品设计员、工艺改进员、质量监控员、生产操作员当前的薪酬标准进行拆分，得到的结果如表 4-14 所示。

表 4-14　某公司 5 个关键基准岗位的薪酬标准拆分结果

岗位名称	技术研发员	产品设计员	工艺改进员	质量监控员	生产操作员
精神需要 （元 / 天$^{-1}$）	100	100	80	70	60
技能需要 （元 / 天$^{-1}$）	100	90	80	50	30
责任需要 （元 / 天$^{-1}$）	70	70	70	90	80
体能需要 （元 / 天$^{-1}$）	30	30	40	50	60
工作环境 （元 / 天$^{-1}$）	10	10	20	20	30
薪酬标准 （元 / 天$^{-1}$）	310	300	290	280	260

拆分时，公司应当成立评定小组，由评定小组讨论后得出最后结果。

变换表 4-14 形式，把基准因素和关键基准岗位薪酬标准分解后的对应关系体现在分层关系中，得到的结果如表 4-15 所示。

表 4-15　某公司 5 个关键基准岗位薪酬标准拆分变换表

价值 （元 / 天$^{-1}$）	精神需要	技能需要	责任需要	体能需要	工作环境
100	技术研发员 产品设计员	技术研发员			
90		产品设计员	质量监控员		
80	工艺改进员	工艺改进员	生产操作员		
70	质量监控员		技术研发员 产品设计员 工艺改进员		
60	生产操作员			生产操作员	
50		质量监控员		质量监控员	
40				工艺改进员	
30		生产操作员		技术研发员 产品设计员	生产操作员

续表

价值 （元／天⁻¹）	精神需要	技能需要	责任需要	体能需要	工作环境
20					质量监控员 工艺改进员
10					技术研发员 产品设计员
0					

（4）将新增的岗位——客户服务岗位放入表 4-15 中与 5 个岗位做比较，得出的该岗位的薪酬标准如表 4-16 所示。

表4-16　客户服务岗位薪酬标准

单位：元／天

精神需要	技能需要	责任需要	体能需要	工作环境	合计
70	90	80	40	20	300

因素比较法的优点是可以比较准确地确定岗位的相对价值。不过，因素比较法同样具备一定的局限性，主要包括以下 3 点。

（1）因素比较法在开发初期可能比较复杂，难度比较大。

（2）因素比较法的操作和管理成本比较高。

（3）因素比较法不容易让员工理解，员工容易怀疑其准确性和公平性。

组织在应用因素比较法时要特别注意两个问题。

（1）薪酬因素和基准因素的选择要慎重，一定要选择最能代表岗位间差异的因素。

（2）由于市场上的薪酬水平经常发生变化，因此要及时调整关键基准岗位的薪酬标准。

4.4.4　计算点值：要素记点法

要素记点法是指选取若干关键薪酬因素，并且对每个因素的不同等级进行界定，同时给各个等级赋予一定的分值（也称作"点值"），然后按照这些关键薪酬因素对岗位进行评价，得到每个岗位的总点值，从而确定岗位薪酬水平的方法。

要素记点法是相对比较复杂的岗位价值评估方法。虽然复杂，但它是目前薪酬设计中运用最广泛的一种岗位价值评估方法，也是一种相对量化的岗位价值评估方法。不考虑特殊情况，很多管理咨询公司在实施岗位价值评估时都会采用这种方法。

实施要素记点法可以分成 3 步。

（1）选取关键薪酬因素并加以定义。

（2）对每一个薪酬因素进行等级的界定和权重的划分。

（3）运用这些薪酬因素来分析和评价每一个岗位。

在确定薪酬因素时，如果不知该如何选择，可以参考别的组织使用的薪酬因素。薪酬因素一般选择5~8个，过多和过少都不合适。本组织内的所有岗位应当采用同一套薪酬因素。

举例

某公司要评估销售经理、销售专员、人力资源经理、人力资源专员、产品设计经理、产品设计专员、车间主任、操作工人8个岗位的价值，采用要素记点法做岗位价值评估。

（1）选取并定义薪酬因素。

·知识，指的是完成工作所需要的知识。

·责任，指的是组织对员工按照预期要求完成工作的依赖程度，强调职位上的人所承担职责的重要性。

·技能，指的是完成工作必备的技术、能力、经验以及职称等。

·努力，指的是为完成工作所需付出的体力或脑力。

·工作条件，指的是在某个岗位上的人所从事工作的伤害性以及工作物理环境。

（2）成立岗位评定小组，将公司各岗位薪酬因素定为5个等级并进行权重划分，得到的结果如表4-17所示。

表4-17　岗位评价要素定义

薪酬因素	等级				
	5	4	3	2	1
知识25%	博士研究生	硕士研究生	本科生	专科生	专科生以下
责任30%	战略决策权；决策风险大；控制全公司	战术决策权；风险性较强；控制子公司	行动和计划决策权；决策风险一般	建议性决策权；决策风险较弱	无决策权
技能30%	专业知识技术能力运用很好；工作经验在18年及以上	可运用专业知识技术能力；工作经验在13~17年	掌握专业知识技术；工作经验在8~12年	学过专业知识技术；工作经验在3~7年	了解专业知识技术；工作经验在2年及以下
努力10%	任务很复杂，创造性很强，需要独立分析解决问题	任务较复杂，创造性较强，需要协作分析解决问题	任务复杂性一般，创造性一般，需协助解决问题	任务复杂性较弱，创造性较弱，不需要分析解决问题	任务很容易，创造性弱，不需要分析解决问题
工作条件5%	工作环境很差，具有极高的危险性	工作环境比较差，具有较高的危险性	工作环境一般，具有潜在的危险性	工作环境比较好，一般无危险	工作环境很好

表4-17包含不同薪酬因素的权重划分以及不同薪酬因素对应等级的具体描述。

接下来，要确定每个薪酬因素的不同等级所对应的点值。实战中在应用要素记点法时，一般把总点值设置成1000，然后将各个薪酬因素的占比乘以1000，得出不同薪酬因素的总点值。使总点值按等级形成等差数列，运用算术法分配点值后，得到要素记点法点值量化表，如表4-18所示。

表4-18 要素记点法点值量化表

薪酬因素	等级				
	5	4	3	2	1
知识250	250	200	150	100	50
责任300	300	240	180	120	60
技能300	300	240	180	120	60
努力100	100	80	60	40	20
工作条件50	50	40	30	20	10

（3）运用薪酬因素来分析、评价每个岗位。评价岗位时也可以像使用其他岗位价值评估方法一样，成立评定小组。得出每个岗位的点值，结果如表4-19所示。

表4-19 运用要素记点法得到不同岗位的点值

岗位情况		知识	责任	技能	努力	工作条件	点值总计
销售经理	等级	4	5	5	5	1	910
	点值	200	300	300	100	10	
销售专员	等级	3	3	3	4	2	610
	点值	150	180	180	80	20	
人力资源经理	等级	4	3	2	3	2	580
	点值	200	180	120	60	20	
人力资源专员	等级	3	2	2	2	2	450
	点值	150	120	120	40	20	
产品设计经理	等级	3	3	2	3	3	540
	点值	150	180	120	60	30	
产品设计专员	等级	2	3	2	2	2	460
	点值	100	180	120	40	20	

续表

岗位情况		知识	责任	技能	努力	工作条件	点值总计
车间主任	等级	2	2	3	3	2	480
	点值	100	120	180	60	20	
操作工人	等级	1	1	1	1	1	200
	点值	50	60	60	20	10	

运用要素记点法，可以把整个组织所有岗位的点值都表示出来。不考虑外部竞争性的情况下，要素记点法的结果通常和岗位基本工资直接相关。

上例公司销售经理的点值是910，操作工人的点值是200。那么，在这家公司中，销售经理的基本工资和操作工人基本工资的比例大约是910∶200。

要素记点法的优点是比较精确、系统、量化，有助于评价人员做出正确的判断，而且也比较容易被员工理解；缺点与因素比较法一样，整个评价过程工作量较大，操作比因素比较法更复杂。

在运用要素记点法时，要注意3点。

（1）要素记点法中的点值是相对值，而不是绝对值。例如，某组织采用要素记点法，结果是采购助理岗位的点值是500，财务专员岗位的点值是450，说明在该组织中，采购助理岗位比财务专员岗位更有价值。但这仅代表这个组织的情况，并不能代表别的组织的情况。

（2）要素记点法虽然可以实现定量，但并不能实现绝对的定量，要素记点法中同样存在定性的因素。在实施要素记点法进行岗位价值评估时，还是存在主观判断。即便成立评定小组、引入专家，这些方法只能让这种主观因素不至于偏颇，但无论如何也不可能做到绝对定量。

（3）同一组织运用要素记点法时要使用统一的标准，不能采用不同的标准。不同的组织因为行业、文化、认识等各类具体情况有所不同，可以使用不同的标准。

所谓同一组织，更准确的说法是使用同一套薪酬体系的组织。只要是用同一套薪酬体系的组织，不论是一家实体组织还是由好多家实体组织组成的集团组织，都应采用一套岗位价值评估标准。如果某个组织下设的分支机构所用的薪酬体系不一样，那么其岗位价值评估标准也可以不同。

ᤅ疑难问题
如何保留岗位编制弹性

组织在设计岗位编制时，要注意保留弹性。因为有出勤率、人才培养、突发状况、环境变化等一系列特殊情况，所以岗位编制不应该是一个冰冷死板的数字，而应该是一个具备一定弹性的数字区间。

前文提到这样一个案例。某公司明年要上线某个新项目，需要针对该项目计算岗位编制并制订招聘计划。假如该项目明年的生产任务总量是 100 万件，现有工人生产这种产品的平均生产效率是每天 10 件，现有工人的年平均出勤率为 90%。按照劳动效率法，定编人数 $=1 \times 10^6 \div [10 \times （365-2 \times 52-11）\times 90\%] \approx 445$（人）。

那么，组织是否应当把该部门的定编人数刚好设置成 445 人，多一个人都不允许，少一个人都必须马上招呢？有实战经验的人力资源管理者应当了解，这样做肯定是不行的，因为实务中还要考虑很多因素和变量。

现有工人的平均生产效率是每天 10 件，那么新招聘工人的平均生产效率也能达到每天 10 件吗？有没有可能每天生产 10 件是具有 3 年以上工作经验的熟练工的均值，入职 1 年以内的工人达不到这一标准？

也许组织正在改进生产工艺，目前的平均生产效率是每天 10 件，但明年有望达到每天 15 件，而且改进后的生产工艺能够让刚入职的工人也很快上手，达到每天 15 件的平均生产效率。

如果新项目上的工人平均生产效率比每天 10 件高，那么算出来的定编人数应当减少；如果新项目上的工人平均生产效率比每天 10 件低，那么算出来的定编人数应当增加。

现有工人的年平均出勤率是 90%，项目新招收工人的出勤率也能达到 90% 吗？有没有可能比 90% 高或低呢？

如果新项目上工人的年平均出勤率比 90% 高，那么算出来的定编人数应当减少；如果新项目上工人的年平均出勤率比 90% 低，那么算出来的定编人数应当增加。

除此之外，有生产任务总量变化的影响，如生产任务总量临时增加或减少；有生产任务交付时间的影响，如生产任务要求提前或推后交付；有新招聘工人离职情况的影响，如新工人的离职率过高；有培养后备人才的影响，如组织有意培养一批后备人才为后续的扩产做准备，这些都会对定编人数产生影响。

所以，组织应当通过科学的方法计算定编人数，但同时也要考虑到理论与实践的差异、实际情况的变化以及测算本身的误差；按照公式计算出来的结果应当作为参考，而不应作为精确的结论或唯一的依据。

拿上述新项目举例。假如该项目对组织来说很重要，组织的首要任务就是保证项目顺利开展，那么为了避免影响项目进程，考虑各种因素后，组织在实际招聘过程中可以把岗位编制增加 10%，四舍五入后取整数，也就是 500 人，按照 500 人的定编人数实施招聘。

假如该项目还没有得到组织高层的最终确认，有很多不确定因素，可是如果等到项目最终确认后再启动招聘工作，可能招聘难度较大，短期内招聘不到足量的工人。平衡招聘难度和项目无法启动的风险后，组织可以先取 445 人的一部分（比如 50%）作为招聘依据，等项目确认之后再实施剩余工人的招聘。

同样的道理，如果组织当前的主要任务是管控人力资源成本，尽量压缩岗位编制，那么岗位编制弹性可以设置得相对小一些；如果组织基本没有人力资源成本的压力，将主要精力放在产业的扩张上，那么岗位编制弹性可以设置得相对大一些。

☑ 实战案例
持续缩减岗位编制案例

随着员工技能的不断增加、组织流程的不断完善、工作方法的不断更新，以及一些技术手段的不断升级，同一个岗位的编制有可能得到持续的缩减和控制。这种对岗位编制的缩减和控制不是以降低组织业绩为代价的，而是直接反映了劳动效率的提高。

某连锁零售公司拥有几百家线下直营连锁门店，各门店的经营流程完全相同，门店面积为 2500 ~ 3500 平方米，门店的选址及其他状况也都存在一定的相似性。该公司确定每家门店的岗位编制使用的是劳动效率法和预算控制法两种方法，在计算结果中取低值。

为了激励各门店进一步缩减和控制岗位编制，降低用人成本，该公司每月会对连续经营 1 年以上的门店做总人数分析，分析样表如表 4-20 所示。

表 4-20　连续经营 1 年以上门店总人数分析样表

年销售额／万元	劳动效率			人力成本费用率			总人数		
	标杆值	平均值	预警值	标杆值	平均值	预警值	标杆值	平均值	预警值
5000 及以上									
4000 ~ 4999									
3000 ~ 3999									
2000 ~ 2999									
2000 以下									

该公司将当月该门店的销售额及前 11 个月的销售额相加之后，形成"年销售额"。因为门店的客群等不同，所以各门店的年销售额存在差异。该公司将所有门店从年销售额 2000 万元以下到年销售额 5000 万元及以上，分成 5 类。分析的指标主要有劳动效率、人力成本费用率和总人数 3 种，分析的数值包括标杆值、平均值和预警值 3 类。标杆值、平均值和预警值分别是按照劳动效率、人力成本费用率和总人数的数值由优秀到较差排列之后，换算成百分位值的数据。

标杆值是 75 分位值的数据，平均值是 50 分位值的数据，预警值是 25 分位值的数据，如图 4-12 所示。

优秀

标杆值　————————————　75 分位值

良好

平均值　————————————　50 分位值

注意

预警值　————————————　25 分位值

较差

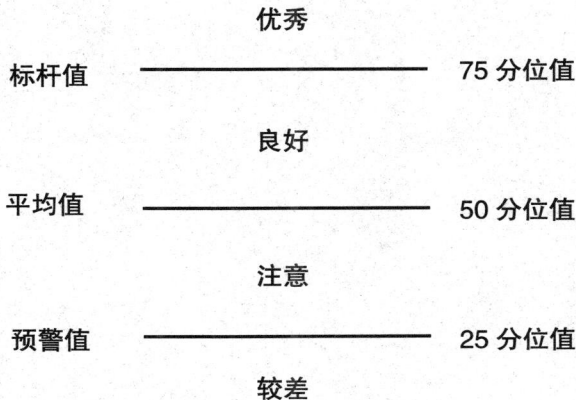

图 4-12　标杆值、平均值、预警值的关系

当某店的某个数据比标杆值更好时，说明该店在该数据上的表现比 75% 的其他门店更优秀，该店在该数据上的表现为"优秀"。

当某店的某个数据比平均值好，但是比标杆值差时，说明该店在该数据上的表现比 50% 的门店更优秀，但是比 25% 的门店差，该店在该数据上的表现为"良好"。

当某店的某个数据比预警值好，但是比平均值差时，说明该店在该数据上的表现比 25% 的门店更优秀，但是比 50% 的门店更差，该店在该数据上的表现为"注意"。

当某店的某个数据比预警值更差时，说明该店在该数据上的表现比 75% 的其他门店更差，该店在该数据上的表现为"较差"。

这里之所以用该店在某个数据上比标杆值、平均值、预警值"好"或"差"而不用"更高"或者"更低"的表述，是因为有的数据数值越小代表越好，有的数据数值越大代表越好。比如劳动效率的数值越大代表越好，人力成本费用率和总人数的数值越小代表越好。

在人力成本管控方面，该公司为了缩减和控制岗位编制，通过每月比较各门店的这 3 种指标，尤其是总人数的情况，判断同类门店当中哪些店的表现是"较差"和"注意"，哪些店是"良好"和"优秀"。

对评价结果是"优秀"的门店，人力资源部会联合营运部查找这类门店在岗位编制管控、缩减人力资源数量方面表现优秀的具体原因，把其中可借鉴、可复制的方法记录总结后，形成标准在整个公司内推广。对评价结果是"较差"和"注意"的门店，人力资源部将会联合营运部做重点关注和持续跟踪。

该公司通过这种方式，把所有门店置于相互比较、交流经验的环境中，在缩减和控制岗位编制方面形成一种"比、帮、赶、超"的氛围。该公司把这种比较与进步的过程也纳入绩效评价系统，同时把确定岗位编制人数的标准也打造成一种动态变化的机制。

通过这种方式，该公司的门店在用人效率方面持续进步，劳动效率越来越高。

第5章

人才规划

人才是组织的重要组成部分。有了人才，组织对岗位的设置和定义才能发挥作用。要想做好人才规划，OD需要根据组织的规划，做好人力资源规划；做好权责利划分，提升部门/岗位的运转效率；做好人力资源供需预测，精准确定组织在未来需要的人才数量。

5.1　人力资源规划

每到年末，组织的人力资源部都应当做人力资源规划，可很多 OD 不知道如何做人力资源规划，不知道人力资源规划如何与人力资源管理的其他工作匹配，也不知道人力资源规划应当包含哪些内容。如果不做好人力资源规划，OD 将失去工作的依据和方向，不知所措。

5.1.1　规划思路：人力资源规划的 5 个维度

人力资源规划的目的是承接和满足组织战略发展要求，促进人力资源管理工作更好开展，提高人力资源管理的工作效率，让组织的目标和组织成员的个人发展目标达成一致。人力资源规划是为组织战略服务的。要做好人力资源规划，首先要有清晰明确的组织战略。如果没有清晰明确的组织战略，人力资源规划将无从谈起。

人力资源规划的定义有狭义和广义两种。

狭义的人力资源规划指的是人员的配置计划、补充计划和晋升计划，也就是和人力资源招聘与用人有关的计划。

广义的人力资源规划除了这 3 项外，还包括人员的培训与发展计划、薪酬与激励计划、绩效管理计划、福利计划、职业生涯规划、援助计划等，也就是和组织人力资源管理相关的一系列计划的总和。

不论是狭义的人力资源规划，还是广义的人力资源规划，其实施目的都是实现组织目标。越远期的目标，组织越应该关注一些宏观的、长远的、愿景层面的维度；越近期的目标，越应该关注一些具体的、短期的、可操作、可执行的维度。OD 应根据目标制订行动计划，然后具体实施，并且做出评估。

要实施人力资源规划，有 5 个维度需要关注，分别是价值、目标、基础、资源和任务，如图 5-1 所示。

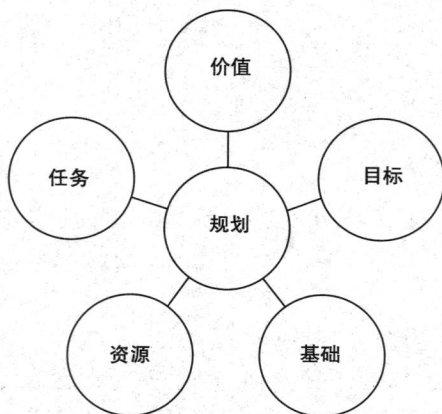

图 5-1　人力资源规划的 5 个维度

1. 价值

没有价值，一切规划和计划都没有意义。在制定人力资源规划的时候，一定要围绕价值来展开。一个人因为有价值，才有被别人雇佣或与他人合作的可能。这里的价值可以是一个定量的值，也可以是一种定性的状态。

OD 可以不断问自己：组织希望收获哪些价值？这些价值是不是组织想要的？这些价值真的能满足组织人力资源管理的需要吗？如果不能满足，那么 OD 就需要重新审视和寻找价值。

2. 目标

要制定规划，就要找对目标；要实现价值，同样需要找对目标。目标是把所有抽象的概念具体化的重要工具。

制定目标要遵循 SMART 原则，也就是目标要是具体的、可以衡量的、可以达到的、与其他目标具有一定相关性的、有明确截止时间的。

在不同的时间点，制定目标关注的重点是不一样的。通过关注这些重点，在评估目标完成情况的时候，可以有一定的侧重。

3. 基础

基础就是为了完成目标，组织、团队或个人需要具备的知识、技能、素质等。基础通常指的是自身能控制的，通过主观努力能提高的部分。如果当前组织、团队或个人的基础比较弱，则可以通过学习快速补足。

在看基础时，要对照着价值和目标看，要审视和盘点与价值和目标相关的部分。同时要不断问自己：要实现目标，需要具备哪些基础？如果目前还不具备这些基础，有没有弥补的计划？这个弥补计划也可以作为后续目标和任务的一部分。

4. 资源

资源包括人际关系资源、财务资源、权力资源等。资源通常不是 OD 想有就能有的，它是来自外部的，需要别人配合一起来完成目标的部分。有时候职位决定着资源，有时候身份决定着资源。

基础和资源之间是互补的。要完成目标，如果基础特别好，需要的资源就比较少；如果资源特别好，需要的基础就比较少。OD针对价值和目标做盘点的时候，可以把基础和资源放在一起盘点。

5. 任务

在聚焦价值、制定目标，盘点完基础和资源之后，OD就可以针对目标制定具体的任务。有了任务，才知道在什么时间应该具体做什么事情。在制定任务时，OD要不断问自己：要达成目标，组织需要完成哪些具体的任务？

5.1.2　规划步骤：人力资源规划的5个步骤

明确了人力资源规划的5个维度之后，就可以分5步做好人力资源规划，如图5-2所示。

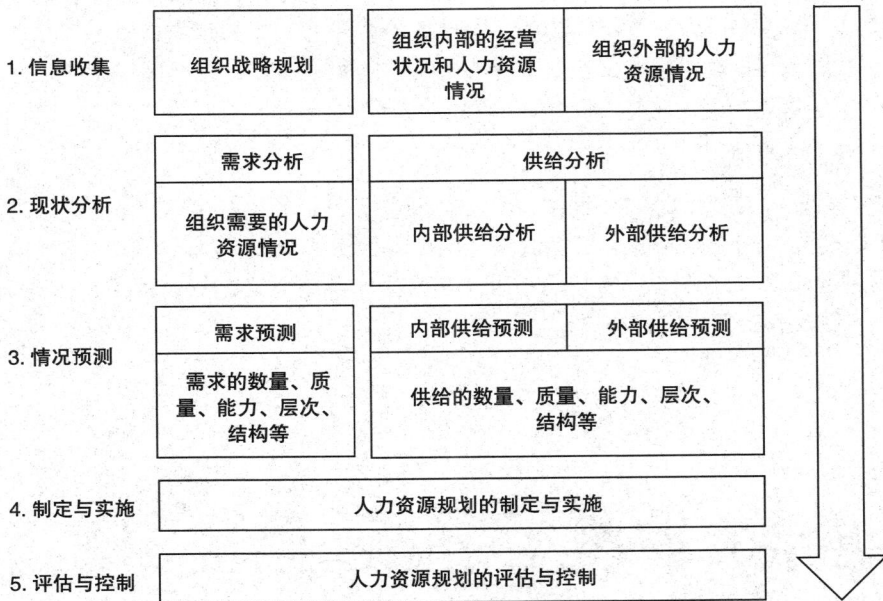

图 5-2　人力资源规划的5个步骤

1. 信息收集

OD要收集、调查、整理组织的战略规划、内部经营状况，以及内外部的人力资源情况等各类相关信息。收集的信息要全面、真实、有效。组织战略规划应包含市场、产品、技术、扩张等经营管理层面的全部规划。

2. 现状分析

这一步是对所收集的信息进行整理分析。如果要做狭义的人力资源规划，那么可以只针对人力资源的数量做重点分析。如果要做广义的人力资源规划，那么要对人力资源管理的方方面面做分析。

3. 情况预测

完成第2步的现状分析后，OD就能对人力资源未来的发展情况做出预测，这包括需求预测、内部供给预测和外部供给预测。

如果要做狭义的人力资源规划，可以通过定量或定性方法，对人力资源的供需状况进行预测。在预测前，需要对当前的人力资源情况进行盘点，包括人力资源的数量、质量、能力、层次、结构等，掌握当前的存量情况，在盘活存量的基础上预测未来的增量情况。

如果要做广义的人力资源规划，预测的维度通常很多，这里不再展开阐述。

4. 制定与实施

根据前3步的分析和预测，这时候OD就可以制定比较具体的人力资源规划了；制定完人力资源规划后，就可以实施了。这里需要注意，在制定人力资源规划时，既要充分考虑组织的短期需求，也要充分考虑组织的长期需求，既要促进组织现有人力资源价值的实现，又要为人员的长期发展提供机会。

5. 评估与控制

在人力资源规划实施的过程中，OD还要进行有效的评估与控制。由于内外部环境在不断变化，组织战略随时可能调整，加上人力资源规划本身就存在一定误差，在实施的过程中常出现不适宜的问题，因此在人力资源规划实施的过程中，OD要根据需要及时修改和调整人力资源规划。

5.2 权责利划分

组织中的每个岗位都有对应的权限、责任和利益。这3项达到平衡状态，说明这个组织岗位设置得比较完整。如果某个岗位的权限和利益太小，而责任很大，没有人愿意做这份工作，组织很难招聘到人才；如果某个岗位的权限和利益很大，但责任很小，那对组织来说就是一种浪费。OD应当具备划分组织岗位的权责利的能力。

5.2.1　查找问题：权责利问题诊断

权责利不对等造成的问题，在实务中很常见。笔者在做咨询项目的时候，遇到过一家公司业绩下滑，销售人员离职率很高的情况。公司总经理对此感到疑惑：给销售人员的提成比例在同行业中已经算高的了，怎么还留不住人呢？笔者在调研后发现，这家公司的销售团队有个很大的问题，就是权责利不对等。

这家公司的销售团队有个规则，就是销售总监有权降价 20%，销售经理有权降价 10%，业务员有权降价 5%。相信很多公司都有类似的规则。有了这类规则，会出现什么问题呢？

在这家公司，业务员为了完成销售任务，都去找销售总监要求降价 20%。这样一来，当业务员完成销售任务时，功劳都成了销售总监的，因为是销售总监同意降价，业务员才完成销售任务的。

而当业务员完不成销售任务时，责任还是销售总监的。

这个时候，有的业务员说："因为销售总监不给我降价，我才没完成销售任务。"

有的业务员说："销售总监给另一个业务员降价，不给我降价，我才没完成销售任务。"

有的业务员说："因为客户听说销售总监有权降价，所以都不找我买，直接去找销售总监买了，我的销售任务才没完成。"

销售总监批准降价与否基本靠个人主观判断，这不仅容易造成团队内的不公平，给团队内部制造很多矛盾，而且还可能使团队内溜须拍马的风气盛行，影响团队氛围。

谁拥有更大的权限，谁就应该承担更大的责任。当然，销售总监本来就对最终的销售结果负责，但如果销售总监牢牢掌握议价权，那就等于业务员的权限小了，而在实际管理中销售总监又会对业务员要求严格，等于业务员的责任就大了；再加上有很多客户直接找销售总监购买商品，这样业务员的业绩差了，利益也就少了。

这家公司销售团队的一切问题都源于这种权责利不对等。从这个案例能看出一个道理，那就是谁拥有主要权限，谁就对工作负主要责任。

那么，我们身边有没有这类权责利不对等的问题呢？如何查找和发现权责利不对等的问题呢？可以使用部门权责利问题查找表，如表 5-1 所示。

表 5-1　部门权责利问题查找表

部门 / 岗位	当前 权限	当前 责任	当前 利益	当前权责利问题						
				权大 责小	权小 责大	责任 重叠	责任 错位	利大 责小	利小 责大	……

部门权责利问题查找表可以分成左右两大部分：左边的部分包括部门 / 岗位的基本情况，以及对应的权限、责任和利益的情况；右边的部分包括当前存在的权责利问题，例如权大责小、权小责大、责任重叠、责任错位、利大责小、利小责大等。OD

也可以根据需要增加相应的权责利问题。

在使用部门权责利问题查找表的时候，可以遵循如下步骤。

第1步，发现权责利问题后，召集相关部门负责人和相关领导进行专题研讨。

第2步，理清部门当前的权限、责任、利益以及存在的具体权责利问题。

第3步，根据当前的权责利问题，经过讨论后，重新划分相关部门的权责利。

5.2.2　应用工具：权责利分配矩阵表

要合理有效地划分权责利，可以应用一个工具——权责利分配矩阵表，如表5-2所示。

表5-2　权责利分配矩阵表

项目贡献占比	任务	A 部门 / 个人	B 部门 / 个人	C 部门 / 个人	D 部门 / 个人	E 部门 / 个人
	任务 1 权限划分					
	任务 1 责任划分					
	任务 1 利益划分					
	任务 2 权限划分					
	任务 2 责任划分					
	任务 2 利益划分					
	任务 3 权限划分					
	任务 3 责任划分					
	任务 3 利益划分					

权责利分配矩阵表的纵向是具体的工作任务或工作目标，这些工作任务或工作目标最终指向团队更大的目标。这里的工作任务或工作目标又分成权限、责任和利益3个部分。权责利分配矩阵表的横向是相关的岗位。对纵向的每一个工作任务或工作目标，横向的岗位都有对应的权责利划分。

权责利分配矩阵表中的"项目贡献占比"指的是项目划分的任务在整个项目中的贡献度。对项目贡献度越高的任务，在整个项目中的占比越高，分配到的权限、责任和利益就越大。

权责利分配矩阵表中的"任务"指的是项目分配的具体任务。项目能分成几个任务就写几个。列出每个任务不同的责任、权限和利益，它们在每个任务中是对等的。这里也可以把任务换成目标。

针对权责利分配矩阵表中的"×部门／个人"，如果是比较宏观的项目或任务，权责利的划分可以对应部门；如果是比较微观的项目或任务，权责利的划分应当对应具体的个人。

应用权责利分配矩阵表划分权责利是以事实为依据，而不是凭空想象的。这样划分出来的权责利，指向具体的工作任务或工作目标，更有利于落地执行。

在权责利分配矩阵表当中，不同的岗位在不同工作任务或工作目标中的角色，可以由谁负责、谁参与、谁审批、谁知悉以及因为这个工作任务或工作目标获得利益分配的具体比例。

通过权责利分配矩阵表，人们可以清晰地看到，对于一个具体的工作任务或工作目标，一般会有一个负责人，这个负责人负责从整体上推进这个工作任务或工作目标。但如果这个工作任务或工作目标未完成，并不是这个负责人负全责，因为其他参与者也有责任。

如果某个工作任务或工作目标完成，也不是这个负责人获得全部利益，而是根据大家的参与程度来分配各自的利益。每个岗位的参与程度、负责程度和利益分配程度都是匹配的。

如果这个工作任务或工作目标完成，张三获得的利益占10%，那么张三在这个项目中的参与程度就是10%，负责程度就是10%。无论完成与否，张三都有10%的责任。

5.2.3　实施流程：权责利划分案例

笔者曾经所在的公司采取的是集团公司管控整个集团的技术研发工作的模式。集团公司有一个技术研发中心，这个技术研发中心有接近40位技术研发人员。

笔者对这些技术研发人员采取的管理模式是项目制，也就是当集团内部某个分公司有产品开发或改进要求的时候，由技术研发中心成立项目小组，从当前技术研发人员当中挑选项目小组成员参与。

在项目启动会议上，除了项目的基本进度表外，权责利分配矩阵表是一定要用到的。项目小组负责人及成员根据项目的分工情况划分项目任务，然后划分项目任务的负责比例。在项目启动会议的最后，项目小组要完成权责利分配矩阵表。

权责利的初步划分结果形成后，在项目实际运行的过程中难免会发生变化。例如，原本认为某人要承担10%的责任，结果这个人因为种种原因实际没参与项目；或者另一个人原本不需要参与项目，结果实际参与进来了，而且可能还发挥了比较重要的作用。

出现这些变化很正常。在项目运行过程中总会有围绕项目进度开展的阶段性评估会议，在阶段性评估会议上，权责利分配矩阵表是一个必须拿出来讨论和修改的表。这时候，项目小组将根据实际情况做出修改。

在项目结束时的最后一次会议上，除了对项目做总结和复盘之外，权责利分配矩阵表也是必须要讨论确定的。最后的项目奖金就是按照这张表来计算的。

该集团公司技术研发人员的基本工资不高，大部分的收入都来自项目收益，所以该集团公司非常重视工作过程中权责利的划分。当时有很多新产品开发项目，新产品上市后一年的销售额的一定百分比的金额用来奖励项目小组成员。

新产品从研发成功到最终上市需要1~2年的时间，项目奖励落实也需要1~2年的时间，但一旦开始发放项目奖金，奖金的金额比较大，对员工很有吸引力。这样设计技术研发人员激励薪酬的好处，是能比较有效地留住技术研发人才。如果他们在项目获得收益前离职，将无法享受这部分收益。

另外，技术研发团队当中有很多是高级技术研发人才，他们的技术水平在全国领先，但他们不具备管理能力，也不想往管理方向发展。

面对这种情况，很多公司的做法是给这类人才设置技术职业成长通道。其实给技术研发人员设置技术职业成长通道确实是一个方法，不过不如这种权责利分配直接。通过项目奖金的方式，公司也能给这类人才很强的物质激励，而且这种激励是聚焦于价值结果的。

在设计技术职业成长通道的情况中，一旦技术研发人才达到相应技术等级，不管他当前有没有为公司创造价值，公司都要按照比较高的技术等级给他发工资。而按照权责利分配矩阵表，不管技术研发人才现在的技术等级如何，公司主要是为其在团队中的贡献付费。

既然按照贡献付费，职级／职等就不再重要，这样做更公平，也更公正。例如，很多技术研发项目的负责人实际上做的是行政管理工作，主要负责项目工作推进、内部沟通、人员管理和协调资源等，可能在技术部分参与得不多，有时候还要兼任多个项目的负责人。每个项目能够顺利完成，项目中的核心技术研发人才起至关重要的作用，所以很可能一个项目最后一大部分奖金都应当交给核心技术研发人才。这其实是非常合理的，因为谁做出主要的贡献，谁就获得主要利益。

另外，在工作任务或工作目标推进过程中，负责审批的人一般对此负主要责任。因为过程中的一些审批权限，在一定程度上决定了这个工作任务或工作目标的完成质量。

5.2.4　注意事项：权责利划分问题

OD在应用权责利分配矩阵表划分权责利时，可能会遇到如下问题。

（1）对于一个任务，不同人员权责利的百分比应如何设置？

比较好的做法是让这个任务的所有参与人员一起讨论决定。

这时候通常会发生两种情况：一种情况是遇到比较强势的项目负责人，他直接设置项目中每个人员的百分比，参与人员也没有异议；另一种情况就是大家对项目负责人设置的百分比持不同意见，或项目负责人不愿意就设置比例发表意见的时候，可以采取投票的方式，每人写一个百分比，然后取平均值。

这里要特别注意的是，OD不要轻易站出来发表意见，最好不要说出谁应该得到多少百分比这样的话，不然很容易引发内部矛盾。OD在这个过程中应当引导参与人员形成内部决策的结果，让参与人员充分发表意见。

延伸来说，其实很多人力资源管理工作不成功，就是因为很多OD喜欢主导或指导业务部门做事。人力资源管理工作虽然属于一种管理工作，但OD毕竟不是业务部门的直属领导，也不是总经理，因此要学会引导业务部门自己说出答案，而不是代替业务部门作答。

在权责利划分的问题上，权责利分配矩阵表就像是一条铁轨，用好了，权责利的划分就能步入正轨，否则就会出问题。铺好了铁轨，往哪个方向走，怎么走，OD要给业务部门一定自由发挥的空间。

（2）权责利分配矩阵表除了能用在项目制的团队中，能否用在平时工作中呢？

权责利分配矩阵表的运用是不分项目制与否的。其常在项目制的团队中运用是因为这是一个为了达成目标临时组成的团队，刚开始大家没有进行权责利的划分，用这个工具划分就比较合适。一般的部门和岗位虽然已经是一个成熟的组织，实际上也可以使用。

如果发现某个成熟部门中出现了权责利分配不清的问题，例如有的人很忙，有的人很闲，或绩效管理中出现"鞭打快牛"的情况，是完全可以用权责利分配矩阵表来重新划分权责利的。

成熟部门应用权责利分配矩阵表的难点主要在于操作权限。如果具备操作权限，完全可以按照权责利分配矩阵表的原理打破部门现有的权责利划分，重新划分工作内容，重新分配岗位薪酬。

（3）应用权责利分配矩阵表时要注意哪些原则？

应用权责利分配矩阵表要注意六大原则。

· 围绕战略原则：部门存在的目的是实现组织战略，在给部门划分权责利时，应当围绕组织的战略进行。

· 权责利对等原则：只有权责利对等才能实现内部的稳定，才能让工作有序平稳地开展。

· 遵照模式原则：划分权责利时要遵照本组织的管控模式，不能有悖于组织的管控模式。

· 提高效率原则：权责利的划分不能让管理效率降低，应当以提高管理效率为目标。

· 控制成本原则：权责利的划分不能增强管理成本，应当以降低管理成本为目标。

· 降低风险原则：权责利划分要考虑到可能存在的风险，尽可能降低风险。

5.3　人力资源供需预测

OD要把握组织人才的供给或需求数量变化，掌握组织整体的人才数量变化趋势，预测未来人才数量的走势，提前为组织做好人才数量的预警或人才的补充。

常见的人力资源供需预测方法有9种，分别是马尔可夫矩阵分析、人才优化替换分析、人才成长指数分析、人才引进指数分析、财务成本预算规划、效率趋势分析预测、能力与需求预测法、角色与需求预测法、德尔菲趋势预测法。

5.3.1 人才预测：马尔可夫矩阵分析

马尔可夫矩阵分析又叫马尔可夫分析（Markov Analysis），最早由俄国的数学家安德烈·安德烈耶维齐·马尔可夫（Andrey Andreyevich Markov）提出。简单来说，马尔可夫矩阵分析就是根据数据当前的变化情况来预测数据未来的变化情况。

在人力资源管理中，马尔可夫矩阵分析主要用于人力资源数量变化的预测分析。马尔可夫矩阵分析主要通过对人才晋升、降职、离职等数据的现状总结，来推测分析人力资源数量未来的变化趋势。

举例

某实体零售上市公司人力资源的主要组成是线下实体店的员工。按照职级划分，员工可以分为店长、处长、主管、组长和普通员工5个类别。该公司运用马尔可夫矩阵分析预测实体店各职级员工人数的变化趋势，结果如表5-3所示。

表5-3 某公司运用马尔可夫矩阵分析预测实体店各职级员工人数的变化趋势

年初人数	职级					离职预测（含淘汰）
	店长	处长	主管	组长	普通员工	
店长 600人	留存率82% 留存492人	降职率4% 降职24人	降职率3% 降职18人	降职率1% 降职6人	—	离职淘汰率10% 离职60人
处长 1200人	晋升10% 晋升120人	留存率72% 留存864人	降职率3% 降职36人	降职率2% 降职24人	降职率1% 降职12人	离职淘汰率12% 离职144人
主管 3600人	晋升率1% 晋升36人	晋升率9% 晋升324人	留存率70% 留存2520人	降职率4% 降职144人	降职率1% 降职36人	离职淘汰率15% 离职540人
组长 7200人	—	晋升率1% 晋升72人	晋升率9% 晋升648人	留存率70% 留存5040人	降职率5% 降职360人	离职淘汰率15% 离职1080人
普通员工 14400人	—	—	晋升率1% 晋升144人	晋升率9% 晋升1296人	留存率65% 留存9360人	离职淘汰率25% 离职3600人
年末情况预测	648人	1284人	3366人	6510人	9768人	

该公司对实体店各职级员工人数的分析分成4个部分。

最左端纵向部分是年初实体店中各职级员工的人数。

最右端纵向部分是对当年员工离职淘汰率和离职人数的预测。这里的离职淘汰率包括了员工主动离职率和被动离职率（公司淘汰）。

中间部分是各类员工的晋升率、降职率，对应的晋升人数和降职人数变化情况的预测，以及考虑离职淘汰率之后对留存率和留存人数的预测。

最下端横向部分是对年末实体店各职级员工人数情况的预测，其中的每个数字都是纵向某职级晋升人数、留存人数及降职人数的和。

其中，

留存率 =100%- 晋升率 - 降职率 - 离职淘汰率

某职级的晋升人数 = 该职级年初人数 × 晋升率

某职级的降职人数 = 该职级年初人数 × 降职率

某职级的离职淘汰人数 = 该职级年初人数 × 离职淘汰率

某职级的留存人数 = 该职级年初人数 × 留存率

该公司晋升与降职都存在跨级的情况。其中店长职级实际也存在晋升到更高职级的情况，本案例为简化说明，没有体现。读者实际运用马尔可夫矩阵分析时，可以将公司所有职级列在一个马尔可夫矩阵中。

根据不同职级晋升率、降职率、离职淘汰率的经验数据，运用马尔可夫矩阵分析，该公司能够预测年末实体店各职级员工的人数，根据发展战略，可以进一步判断在此基础上不同职级的员工人数应如何调整。

运用马尔可夫矩阵分析做人力资源数量预测分析时，常见的时间周期一般为 1 年。对人力资源数量变化的预测可以延伸至更长的周期，除了 1 年后的人力资源数量变化情况外，还可以根据需要预测 3 年后、5 年后的人力资源数量变化情况；但预测的时间跨度越大，准确度越低。

5.3.2　结构调整：人才优化替换分析

很多组织实行优胜劣汰的用人政策，对于优秀的员工会进行晋升激励，而较差的员工可能会被降职或淘汰。当然，这里组织的降职或淘汰流程须合法合规。判断员工表现优劣，通常要考虑员工的绩效、态度和能力情况。

根据组织当前不同优劣情况的员工的晋升、留存、降职、淘汰和离职情况，人才优化替换分析能够预测未来员工的变化趋势，从而判断一段时期后组织对不同类型人才的需求情况。

举例

某公司员工按职级分成店长、处长、主管、组长和普通员工 5 类。该公司每年用 A、B、C、D 对员工进行绩效评定。其中绩效评定结果为 A 代表最优，绩效评定结果为 D 代表最差。根据不同职级年度绩效评定结果的情况，以及往年不同绩效评定结果人才的变化比率，该公司的人才优化替换分析如表 5-4 所示。

表5-4 某公司人才优化替换分析

当前职级	类型	年初人数	A	B	C	D	年末人数	年末人数与年初人数差异
店长	总数	600	60	120	360	60	458	142
	晋升人数	32	20	12	0	0		
	留存人数	394	34	96	272	10		
	降职人数	50	0	0	28	10		
	淘汰人数	60	0	0	24	30		
	离职人数	64	6	12	36	10		
处长	总数	1200	120	240	720	120	960	240
	晋升人数	64	40	24	0	0		
	留存人数	730	68	192	456	32		
	降职人数	120	0	0	84	30		
	淘汰人数	126	0	0	80	34		
	离职人数	160	12	24	100	24		
主管	总数	3600	360	720	2160	360	2960	640
	晋升人数	180	108	72	0	0		
	留存人数	2480	216	576	1600	88		
	降职人数	220	0	0	100	120		
	淘汰人数	240	0	0	160	80		
	离职人数	480	36	72	300	72		
组长	总数	7200	720	1440	4320	720	6260	940
	晋升人数	360	216	144	0	0		
	留存人数	4840	432	1152	3120	136		
	降职人数	560	0	0	300	260		
	淘汰人数	580	0	0	400	180		
	离职人数	860	72	144	500	144		
普通员工	总数	14400	1440	2880	8640	1440	10410	3990
	晋升人数	1200	800	400	0	0		

当前职级	类型	年初人数	A	B	C	D	年末人数	年末人数与年初人数差异
普通员工	留存人数	9850	440	2130	6940	340	10410	3990
	降职人数	0	0	0	0	0		
	淘汰人数	1300	0	0	500	800		
	离职人数	2050	200	350	1200	300		

在人才的优化替换方面，对不同职级的员工，该公司有5种不同的方式，分别是晋升、留存、降职、淘汰和离职。对于绩效评定结果较优的员工，该公司会根据员工的能力和态度情况实施晋升或留存。对于绩效评定结果较差的员工，该公司也会根据员工的能力和态度情况实施降职或淘汰。

表5-4中，某个职级年初的年末人数＝该职级年初留存人数＋下一职级年初晋升人数＋上一职级年初降职人数。

为简化计算，本案例未考虑跨级晋升的情况，也未考虑跨级降职的情况。应用时可以根据公司实际情况操作，例如可以将表5-4中的"晋升人数"改为"晋升一级人数""晋升二级人数""晋升三级人数"等，将表5-4中的"降职人数"改为"降职一级人数""降职二级人数""降职三级人数"等。

通过表5-4数据能够看出，在综合考虑晋升、留存、降职、淘汰和离职的情况后，该公司能够根据年初不同职级的人数，预测年末人数，得到年末人数与年初人数的差异，从而得到人才预期需求。

5.3.3 内部发展：人才成长指数分析

人才的成长情况影响着人力资源的供给情况。当组织中值得培养的后备人才数量较多，人才培养成功的概率更大。人才的成长情况可以用人才成长指数表示，人才成长指数代表着组织培养人才的能力。

某职级的人才成长指数＝平均每年某职级培养成功的人数÷该职级年初人数

某职级的人才成长指数大小，可以简单理解为组织每年为该职级培养人才的能力强弱。人才成长指数越大，代表组织每年为该职级培养人才的能力越强；人才成长指数越小，代表组织每年为该职级培养人才的能力越弱。当然，用人才成长指数预测培养人数的多少时，还要看该职级原有人数。

举例

某零售公司人力资源的主要组成是线下实体店的员工，岗位主要的管理职级包含店长、处长、主管、组长4类。该公司每年都会针对不同层级的员工分析待晋升到该层级的培养人才。

不同管理职级人才成长指数计算如表 5-5 所示。

表5-5 某公司不同管理职级人才成长指数计算

职级	年初人数	待晋升到该职级的培养人数	下一级晋升到该职级的培养期/年	培养成功率	培养成功人数	人才成长指数
店长	600	360	2	20%	72	0.12
处长	1200	520	2	25%	130	0.11
主管	3600	1200	1	30%	360	0.10
组长	7200	2600	1	30%	780	0.11

注：本表数据与上节案例表中数据无联系，所有数据只为演示算法。

表 5-5 中"下一级晋升到该职级的培养期/年"为人才培养规划需要的数据，并非计算人才成长指数需要的数据。虽然店长和处长的培养期为 2 年，但由于人才培养是滚动运行的，每年都有人才培养成功，也有下一批待培养的人才，所以计算人才成长指数时不需要考虑培养周期。但在做人才培养计划和人力资源规划时，需要考虑培养周期。

表 5-5 中"待晋升到该职级的培养人数"并非表格中对应职级中包含的人数，而是从比对应职级更低的职级中选拔出的值得培养以晋升到该职级的人数。这类人才在公司中一般被称为后备人才、储备人才、储训人才，也可以称为接班人。

表 5-5 中的"培养成功率"与"待晋升到该职级的培养人数"相对应。"培养成功人数"等于"培养成功率"与"待晋升到该职级的培养人数"的乘积。

表 5-5 中的"人才成长指数"等于"培养成功人数"除以该职级"年初人数"。

得到人才成长指数后，就可以据此预测该公司未来某职级人才的补充能力。在预测某职级第 2 年、第 3 年的人才数量时，还要考虑该职级人才的晋升率、离职率、淘汰率等。人才成长指数可以与马尔可夫矩阵分析联系在一起应用。

5.3.4 外部获取：人才引进指数分析

人才成长的主要功能是从内部为组织提供人才，人才引进的主要功能则是从外部为组织提供人才。内部人力资源供给渠道虽然非常重要，但对于很多组织来说，外部人力资源的供给同样非常重要。

人才引进指数正是进行人力资源供给情况分析的重要指标。人才引进指数代表着组织引进某类人才的能力，通过对人才引进指数的计算，组织能够预测未来一段时间人才引进的数量情况。

人才引进指数 = 实际引进的人才数量 ÷ 期望引进的人才数量

与人才成长指数的计算方式不同的是，人才成长指数与当前人才数量相关，而人才引进指数与当前人才数量无关，与期望引进的人才数量相关。

举例

　　某零售公司人力资源的主要组成是线下实体店的员工。该公司主要招聘的岗位有店长、处长、主管、组长、普通员工 5 类。该公司对人才引进指数的计算以及明年招聘需求人数和明年招聘人数的预测如表 5-6 所示。

表 5-6　某公司对人才引进指数的计算以及明年招聘需求人数预测和明年招聘人数的预测

职级	年初人数	当年招聘需求人数	当年招聘人数	人才引进指数	明年招聘需求人数预测	明年招聘人数预测
店长	600	108	70	0.65	150	97.5
处长	1200	250	180	0.72	400	288
主管	3600	700	500	0.71	900	639
组长	7200	1200	800	0.67	1500	1005
普通员工	14400	3000	2100	0.70	4000	2800

　　表 5-6 中，人才引进指数 = 当年招聘人数 ÷ 当年招聘需求人数。明年招聘人数预测 = 明年招聘需求人数预测 × 人才引进指数。其中，明年招聘需求人数预测是该公司根据明年的战略规划预测的招聘人数。

　　在应用人才引进指数时须注意，影响外部人才引进效率的因素比影响内部人才成长效率的因素更多。外部人才引进效率不仅与组织的人力资源管理能力有关，还与组织岗位对外部人才的吸引力、外部市场的人才供给情况、引进人员的数量与质量等有关。

　　人才引进指数分析和人才成长指数分析的计算方法都暗含着一种假设，就是组织引进人才、培养人才的能力和效率是固定的。在内外部情况变化比较小的组织当中，用这种计算方式来做人才供给的预测是成立的；但是当组织内外部情况变化比较大时，需要综合考虑组织内外部情况变化后，详细分析。

5.3.5　费用测算：财务成本预算规划

　　财务管控型组织可以根据财务预算中的人工费用预算，以及人均人工费用，计算可以达到的人力资源的最大数量。这种计算方式既可以以组织整体为单位计算，也可以以部门为单位分部门计算。

　　最大人数 = 年度预算人工费用 ÷ 年化人均人工费用

举例

　　某生产制造业集团公司有 10 家子公司，该集团公司对子公司实施财务管控。集团公司财务中心在 11 月前根据公司整体的战略方向和业务导向，制定下一年的财务预算管理目标，其中包含对各部门人工费用的预算。

该集团公司对 A 子公司的人工费用预算与人力资源需求测算如表 5-7 所示。

表 5-7　某集团公司对 A 子公司的人工费用预算与人力资源需求测算

部门	下一年人工费用预算/元	该部门年化人均人工费用/元	下一年预计最大人数	当前人数	下一年需求人数
生产管理部	14344600	70000	205	180	25
技术工艺部	3618400	150000	24	18	6
设备管理部	865600	80000	11	8	3
采购管理部	382700	90000	4	4	0
销售管理部	1631800	120000	14	12	2
财务管理部	247500	80000	3	3	0
行政人事部	247500	80000	3	3	0

表 5-7 中，下一年预计最大人数 = 下一年人工费用预算 ÷ 该部门年化人均人工费用。

通过不同部门下一年人工费用预算与该部门年化人均人工费用，就能够计算出该公司下一年预计可以招聘的最大人数，根据当前人数的情况，可以计算下一年需求人数。

须注意，按照财务成本预算计算出的下一年需求人数并非实际需要招聘的人数，而是按照预算计算出的可以招聘的最大人数。如果子公司运用当前人力资源能够满足战略需求，可以选择不实施招聘。所以在运用财务成本预算计算人力资源需求时，还需要根据实际情况判断人力资源需求，不能只采信财务数据的计算结果。

通过财务成本预算计算人力资源需求的逻辑本质上是财务管理的逻辑，这种计算方法有助于从财务管理的角度管控人工成本，不容易出现人力资源过量使用的问题。上市公司比非上市公司的业绩压力更大，对财务结果的敏感度更高，所以财务成本预算常见于很多上市公司。

按照财务成本预算计算下一年需求人数的方法具有如下优点。

（1）计算原理较简单，数据获取相对容易。

（2）既可以整体测算，又可以分部门测算。

按照财务成本预算计算下一年需求人数的方法也存在一些缺点，具体如下。

（1）对财务成本预算管理水平较低的组织来说并不适用。

（2）计算结果仅供参考，不能直接用于人力资源需求判断。

5.3.6 效能测算：效率趋势分析预测

劳动效率同样可以用于计算人力资源需求情况。

劳动效率 = 销售额 ÷ 人数

人力资源需求数量的效率趋势分析预测就是根据当前劳动效率以及劳动效率的变化趋势或目标设定，通过设定销售预算或目标，计算出人数需求或人数需求的范围。

举例

某集团公司拥有 5 家子公司，该集团公司通过劳动效率计算 5 家子公司的人力资源需求数量。根据当前 5 家子公司的劳动效率和目标劳动效率，得到 5 家子公司的人数范围如表 5-8 所示。

表 5-8　某集团公司用劳动效率计算得到的 5 家子公司的人数范围

子公司	预算销售额/（万元·月$^{-1}$）	当前劳动效率/［万元·（人·月）$^{-1}$］	按当前劳动效率计算人数	目标劳动效率/［万元·（人·月）$^{-1}$］	按目标劳动效率计算人数/人	人数范围/人
A	480	8.5	56	9.2	52	52 ~ 56
B	600	7.4	81	8.6	70	70 ~ 81
C	800	9.6	83	10.4	77	77 ~ 83
D	900	7.9	114	8.8	102	102 ~ 114
E	1000	6.8	147	7.4	135	135 ~ 147

表 5-8 中，当前劳动效率是子公司根据去年的销售额和人数计算出的劳动效率。目标劳动效率是子公司制定的劳动效率目标，是劳动效率提升的方向。子公司的人数范围是根据预算销售额，按照当前劳动效率和目标劳动效率计算出的人数范围，子公司的人力资源总数可以落在这个人数范围内。

在应用效率趋势分析预测人力资源需求时，要用到劳动效率，此时需要注意营业额和销售额的含义不同。

严格来说，营业额的概念大于销售额。例如某公司主营业务为汽车销售，那么销售额就是这家公司卖汽车得到的销售收入。但这家公司还将商业房产外租，此时产生了租金收入。租金收入属于营业额，但不属于销售额。

在计算劳动效率的时候，一般应用销售额，因为销售额代表着主营业务的经营成绩。而营业额可以包括很多非主营业务、非经常性损益，也可以包括很多资产或资本带来的收益，这些收益不完全由劳动创造，或者说和组织中大多数员工从事的经营活动关系不大。

通过效率趋势分析预测人力资源需求的方法，比较适合对人力资源数量比较敏感，对人数控制比较严格且不断追求效率提升的组织。

5.3.7　模型测算：能力与需求预测法

运用岗位胜任力模型可以为人力资源规划提供依据，帮助组织发现人力资源需求。组织雇佣人才实际上是雇佣人才的能力。人才的经历、职位、头衔等本质上是为能力服务的，人才只有具备组织需要的能力时，才是组织需要的人才。如果人才不具备组织需要的能力，不论人才曾经有多么辉煌的职业经历，对组织来说都是没有价值的。

要确定组织对某类岗位人才的数量需求，首先可以盘点对该岗位的能力需求，尤其是胜任该岗位不可或缺的关键能力，针对当前人才与关键能力的匹配情况实施盘点分析，然后根据组织人才能力培养效率的相关数据，预估人才能力培养的成功率，从而判断组织对某类关键能力的需求。

如果组织对某类关键能力的需求较大，内部供给量不足，说明组织需要通过外部招聘引进这种能力。关键能力需求预测不仅能够帮助组织确定人才的需求数量，而且可以聚焦人才的具体类型。

举例

某公司近期出现发展放缓、业绩下滑的情况，经营管理问题频发，严重影响公司实现战略目标。经过综合评估后，公司认为这一情况与当前中层管理团队的能力不足有很大关系。为此，该公司基于战略需求设计了中层管理团队的能力需求类型和能力等级要求，如表5-9所示。

表5-9　某公司中层管理团队的能力需求类型和能力等级要求

能力需求类型	能力定义	能力等级要求
组织领导力	在公司发展战略指导下，设定科学合理的工作目标，通过合理组织调度人、财、物等资源，带领团队及时、高质量地完成业绩目标	4
团队建设与凝聚力	促进冲突的有效解决，营造高效、合作、和谐的工作氛围，培养员工的合作精神与团队精神	3
培养与发展他人能力	发现员工工作中的不足，并及时给予培训与指导，帮助员工学习与进步	3
沟通协调能力	积极主动与顾客、员工、公司高层沟通，发现问题并追溯源头予以解决	4
营销能力	做好周边市场及竞争对手的分析，挖掘顾客需求，采取差异化策略，进行有效的产品促销与销售	3
岗位专业能力	熟悉业务，掌握与职责有关的知识与技能	4
数据分析能力	精通数据统计与分析，挖掘有价值信息，发现潜在问题，并将分析结论运用到实际工作过程中，提升门店经营业绩	4

该公司的中层管理者共600人。为提升中层管理者的整体能力水平，该公司对当前600名中层管理者实施了岗位能力评估，得到的结果如表5-10所示。

表5-10　某公司对600名中层管理者的岗位能力评估结果

能力需求类型	能力等级要求	4级人数	3级人数	2级人数	1级人数	待培养人数
组织领导力	4	300	150	100	50	300
团队建设与凝聚力	3	100	400	100	0	100
培养与发展他人能力	3	100	300	100	100	200
沟通协调能力	4	300	200	100	0	300
营销能力	3	50	300	200	50	250
岗位专业能力	4	420	120	60	0	180
数据分析能力	4	240	180	140	40	360

从表5-10能够看出，当前600名中层管理者的能力水平处在不同的等级。在有的能力需求类型中，符合能力等级要求的人数较多，不符合能力等级要求的人数较少；在有的能力需求类型中则刚好相反。

该公司中层管理者能力需求类型的重要性是不同的，该公司高层团队经过讨论，认为组织领导力、营销能力和数据分析能力是最关键的三大核心能力。这三大核心能力直接影响着公司能否达成战略目标。如果中层管理者其他能力有所缺失，公司可以接受，但如果缺失这三大核心能力，公司将不能接受。

该公司根据往年对不同能力培养的成功率，对中层管理者的三大核心能力培养补充情况分析如表5-11所示。

表5-11　某公司中层管理者三大核心能力培养补充情况分析

关键能力类型	能力合格人数	待培养人数	能力培养成功率	能力培养成功人数	能力培养后合格人数	与当前在岗人数（600人）的差距
组织领导力	300	300	70%	210	510	90
营销能力	350	250	80%	200	550	50
数据分析能力	240	360	80%	288	528	72

表5-11中"与当前在岗人数（600人）的差距"的最大值（90人），就是该公司需要考虑从外部补充的人才数量。从外部招聘人才时，公司应当重点考察人才的组织领导力、营销能力和数据分析能力，或者招聘具备这三大核心能力潜质，能够在较短时间内培养成功的人才。

通过关键能力需求预测，组织不仅在人才补充数量上有了依据，而且在人才补充质量和评判标准上也有了具体要求；不仅在人才招聘入职后对人才培养的方向有了侧重，而且在外部人才转正时对人才的评价有了标准。

5.3.8 角色匹配：角色与需求预测法

组织除了可以通过关键能力进行人力资源需求预测外，还可以通过角色进行人力资源需求预测。对于当前还没成立的组织或当前还未开展的新业务，在配置人力资源数量时因为存在较大的未知性，很难准确设计具体的岗位或职责，在这种情况下运用岗位胜任力实现"人岗匹配"或通过人才画像实现"人人匹配"都是比较难的。此时可以运用岗位管理中角色的概念，实现角色匹配。

角色匹配是指运用角色的功能性对需求进行定位，根据定位选拔出适合扮演该角色的人员。角色匹配中的角色可以是一个比较模糊的概念，它不需要像岗位胜任力一样具备非常明确的等级或具体的要求，就能实现对人力资源功能的需求预测。

【举例】

某移动互联网公司已经成功开发了多款App，在某细分市场上做得比较成功。近期，该公司准备开发一款新的功能型App。根据该公司的经验，新App团队需要的角色、定位和人员需求预测如表5-12所示。

表5-12　新App团队需要的角色、定位和人员需求预测

序号	角色	角色定位	项目需求人数	公司内部提供人数	对外需求人数
1	项目总负责人	对整个团队和整个项目负责，是整个项目团队的最高负责人和最终责任人，在项目团队中拥有最高权限	1	1	0
2	产品项目经理	负责项目中特定产品的规划、定位，带领与产品相关的编程开发人员开展工作，引领产品开发工作	3	1	2
3	编程开发人员	负责产品的编程开发工作，根据产品项目经理对产品的规划，实现产品的预期功能	24	14	10
4	视觉呈现设计	负责产品的功能结构排布和视觉呈现，保证产品功能完整、界面友好、操作简单	2	1	1
5	功能测试人员	负责产品功能测试，寻找产品开发和使用环节中呈现出的问题或潜在问题，促进产品功能完善	1	1	0
6	产品运维人员	产品正式上线后，负责产品的稳定运行，定期维护产品，根据客服人员反馈的问题，及时做出调整	6	6	0

续表

序号	角色	角色定位	项目需求人数	公司内部提供人数	对外需求人数
7	推广运营人员	负责产品上线后的推广工作，增加用户数量；定期组织各类活动，保证现有用户的活跃度	8	0	8
8	用户服务人员	负责用户服务工作，解答用户疑问，处理用户的投诉并定期整理和分析负面评价，将其反馈给产品运维人员	2	0	2
9	人力资源人员	负责整个项目团队的人才招聘、选拔、培养、调配、考核、激励、评价、维稳等工作	1	1	0

由于对人才需求的时间点不同，新 App 团队中的人才能够实现相互流动。产品运维人员可以在编程开发工作结束后，由编程开发人员担任。另外，新 App 团队的部分人员可以由公司现有人员担任或兼任。所以，该项目实际对外需求人数与表中展示的对外需求人数有出入。

5.3.9　经验访谈：德尔菲趋势预测法

德尔菲趋势预测法也叫德尔菲法（Delphi Method）或专家调查法，这种方法最早是在 1946 年由美国兰德公司采用的。德尔菲趋势预测法的本质是经过多轮的专家访谈、归纳、总结、反馈，达成一致意见，从而预测趋势。这种方法不仅可以用在人力资源管理方面，在军事、教育、医疗等领域运用得也比较广泛。

早期在不同领域运用的德尔菲趋势预测法是匿名形式的，专家在达成统一意见之前不得相互交流，其他专家的意见会被反馈至各位专家，各位专家参考其他专家的意见、理由和数据，再次思考和提出自己的意见。这样做的好处是能够消除专家权威性带来的影响。后来，德尔菲趋势预测法逐渐转变为让专家们实现面对面讨论和信息互通。

在人力资源需求预测方面，德尔菲趋势预测法的通用流程如图 5-3 所示。

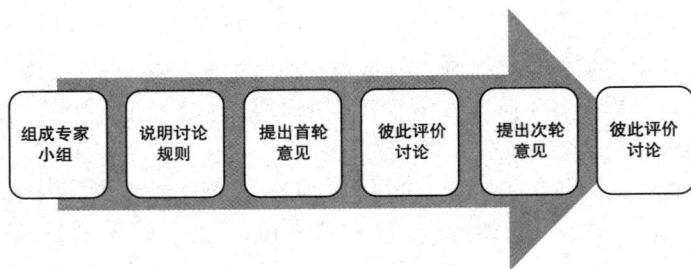

组成专家小组　　说明讨论规则　　提出首轮意见　　彼此评价讨论　　提出次轮意见　　彼此评价讨论

图 5-3　德尔菲趋势预测法的通用流程

1. 组成专家小组

对某类人力资源需求进行预测，找到相关专家，组成专家小组。专家小组至少应包括具有决策权的管理者（如组织一把手）、人力资源专家（如人力资源部负责人）、业务专家（如业务部门负责人）、财务专家（如财务部门负责人）、技术专家（如技术部门负责人）。必要时，也可以选择外部专家。专家小组的基本配置代表着对人力资源需求的不同意见。

2. 提出首轮意见

召开专家会议，主持人提前说明发言和讨论规则，所有专家应根据自己掌握的信息提出对人力资源需求的意见。在一位专家提出意见后，其他专家不得发表任何反对意见，但可以针对该意见补充提问，以获得更多信息。专家应按职级由低到高依次发言，具有决策权的管理者应最后发言。

每位专家根据讨论规则，分别提出自己对人力资源需求的具体意见。专家提出意见时不能仅说明个人意见，还要说明个人意见背后的原因，所有意见都要有数据或事实支撑。意见要明确，要包含具体的数字及对现状的分析，不能模棱两可，随大流。

3. 彼此评价讨论

在所有专家提出意见后，进入评价讨论流程，所有专家依次发言，讨论彼此的不同意见，找到不同意见产生的原因，澄清各自意见的内涵并提供相应的数据支持，争取在讨论的最后基本达成一致意见。

在该环节须注意，主持人要引导专家发言，控制讨论局面，不能让职级或影响力较低的专家迫于压力转变意见。所有转变意见的专家都要提出自己转变意见的理由。如果主持人无法有效控制场面，让少数职级或权威度较高的专家引导整个评价讨论过程，则很可能代表这个流程是失败的。

4. 提出次轮意见

在首轮评价讨论结束后，主持人要求所有专家再次提出对人力资源需求的意见。提出次轮意见的流程同样参照提出首轮意见的流程。在一位专家提出意见后，其他专家不得发表任何反对意见，但可以针对该意见补充提问。专家应按职级由低到高依次发言。

5. 彼此评价讨论

在提出次轮意见后，主持人观察所有专家的意见是否趋于一致。如果专家意见不一致，则参照提出首轮意见后的彼此评价讨论流程开展次轮的评价讨论，各位专家针对不同意见继续讨论。

在次轮彼此评价讨论的流程中，如果仍然没有达成一致意见，则可以继续开展第3轮、第4轮，乃至更多轮的提出意见和彼此评价讨论，直至最终达成一致意见，则可以宣布结束。

典型误区
函数回归法与趋势外推法

在实战中，计算人力资源数量变化趋势和人力资源需求情况时，有个比较典型的误区，就是通过函数回归法或趋势外推法计算人力资源数量变化情况。

如果只研究"纸面人力资源管理"，函数回归法或趋势外推法也许具备一定的可取之处，但现实中经济环境复杂多变，函数回归法或趋势外推法在人力资源管理实战中往往并不适用。

函数回归法与趋势外推法都是试图通过组织在不同年份的人数情况，判断组织在未来某年份的人数情况，初始数据如表 5-13 所示。

表 5-13　函数回归法与趋势外推法的初始数据

年份	20×1	20×2	20×3	20×4	20×5	20×6	20×7	20×8	20×9
x（第 n 年）	1	2	3	4	5	6	7	8	9
y（总人数）	8500	8700	9000	10000	11000	12000	13500	14000	15000

"纸面人力资源管理"采用函数回归法与趋势外推法的原理都是试图根据以往年份的人力资源数量变化情况，通过函数拟合模拟测算，寻找人力资源数量与年份之间存在的某种函数关系，从而判断未来人力资源的数量变化趋势或人力资源的需求情况。

常见的函数回归法与趋势外推法用到的函数类型如表 5-14 所示。

表 5-14　常见的函数回归法与趋势外推法用到的函数类型

序号	函数类型	函数模型
1	一次函数	$y=ax+b$
2	二次函数	$y=ax^2+bx+c$
3	三次函数	$y=ax^3+bx^2+cx+d$
4	幂指数函数	$y=ax^b+c$
5	复合函数	$y=ab^x+c$
6	对数函数	$y=a\ln(x)+b$
7	双曲线函数	$y=a/x+b$
8	S 曲线函数	$y=e^{(a/x+b)}+c$
9	生长模型函数	$y=e^{(ax+b)}+c$
10	指数函数	$y=ae^{bx}+c$

注：表中 y 为总人数，x 为时间（通常用第 n 年表示），a、b、c 分别为拟合函数的变量。

　　实践证明，像函数回归法或趋势外推法这类尝试通过某种函数公式测算人力资源数量变化趋势或人力资源需求情况的方法是不管用的。这类方法在组织外部经济环境稳定、内部发展状况稳定的情况下也许是可行的，但现实中几乎不存在这种状况，真实情况是外部经济环境变幻莫测，组织发展的不确定性越来越大。

　　函数回归法或趋势外推法的问题主要出在这两种方法的底层逻辑上。这两种方法的底层逻辑是寻找人力资源数量与年份之间的变化关系，而不论数字呈现出的结果如何，二者之间显然并不存在逻辑上的相关关系，更不存在因果关系。

第6章

组织文化

组织文化对组织的作用，说得再多都不为过。现代组织之间的竞争已经不仅是技术的竞争、产品的竞争、市场的竞争或人才的竞争，还包括组织文化的竞争。越来越多的组织开始认可文化管理是管理的最高境界。OD 不仅要协助组织高层管理者做好经营业务方面的管理，还要做好组织文化方面的构建和管理。

6.1　组织文化认识

组织文化是组织内所有员工共同拥有的思维模式和行为模式。组织文化能够提升组织的凝聚力，约束员工的行为，传播正确的价值导向，树立组织的品牌价值，提高组织的经济效益。

6.1.1　认识文化：组织前进的发动机

任何组织都有自己的文化，没有文化的组织是没有灵魂的。组织文化虽然没有好坏之分，却有适宜与不适宜之分。正确认识组织文化，有助于 OD 有效地建设和传播组织文化。

在很多组织当中，员工之间除了工作外，缺乏互动和交流。很多员工除了接触部门内部的几个同事外，对待别的同事如同陌生人，大家都待在自己业务的小圈子中，同事间感情淡薄。有的员工甚至入职很久，却相互不认识。

站在员工的角度上看，这种人情上的冷漠也许无可厚非。可站在组织的角度上看，这种局面是不利于长期发展的。虽然组织中存在的同事关系、上下级关系具备商业属性，但为了让组织有更长远的发展，其不应成为纯粹的商业关系。

很多员工在组织中与同事一起度过的时间，比与家人一起度过的时间还长。在这么长的时间里，很多人形同陌路，不闻不问。其中除了员工本人的性格原因外，还和组织文化有关。人情冷漠的组织文化容易塑造出人情冷漠的员工；相反，好的组织文化能够引导员工相互关心、相互帮助。

一说起组织文化，有人觉得它很"虚"。有人觉得组织文化就是组织一把手的个人价值观，有人觉得组织文化就是挂在墙上的愿景或使命，有人觉得组织文化就是做思想工作，还有人觉得组织文化就是搞团建活动。

实际上，这些认识都不准确。组织文化确实有时候看不见、摸不着，但不能说组织文化不存在；组织文化确实和组织一把手有很大关系，但不能说组织文化就是个人价值观；组织文化确实可以具体化成一些文字，但不能说那些文字就是组织文化；建设组织文化的时候，确实需要做一些思想工作或团建活动，但不能说这些就是组织文化。

什么是组织文化？

国内外不同的专家和学者对组织文化有不同的解读。总结下来，组织文化是组织中一条无形的轨道和一台无形的发动机，它有一股无形的力量，引导着一个组织整体的思维模式和行为模式，它包括了整个组织的价值观、习惯及氛围。它就像一只看不见的手，引导着组织成员的行为。

组织文化有 2 个特点。

1. 独特性

世界上没有两片一模一样的树叶，也没有两个一模一样的人。作为由人构成的组织，也许会有类似的组织文化，但不存在一模一样的组织文化。属于每个组织的组织文化，单独拿出来看，并没有好坏之分，只有对组织本身而言的适合与不适合。

2. 适应性

适宜的组织文化对组织发展而言是一种加成，不适宜的组织文化则可能会阻碍组织发展。例如某组织处在快速发展期，市场竞争非常激烈，这时候强调积极进取、迅速高效和冒险精神的组织文化将有助于组织发展；徐徐图之的，强调制度、标准或流程的组织文化则不一定适合该组织。

同一个组织在不同的发展阶段，适合的组织文化可能是不同的。例如当某组织处在快速发展期时，高效快速的组织文化是适合的；当这个组织发展平稳，强调巩固市场地位、追求良好的客户服务和不要出错时，稳健的组织文化也许更适合。

6.1.2　文化形象：4 种形象切分文化

组织文化很难通过量化的方式被表征，但可以通过具象化的形式来描述和认知。用动物形象具象化组织文化，有助于人们更好地认识组织文化的特征。根据不同的特征，常见的组织文化有 4 种，并以相关的动物命名。

1. 象文化

这类组织文化强调人本理论。在这类组织中，"以人为本""以人为先""以人为始""人文关怀"等关键词经常出现，强调人与人之间的尊重、友好。这类组织相信，组织的成功是因为组织的人力资源得到了比较充分的开发和重视。

这类组织通常会为员工提供和谐、友好、舒适的工作环境，主动协助员工解决困难，提高员工的满意度。在这类组织中工作，员工常会感受到被关怀、被重视。比较典型的象文化代表组织有万科、青岛啤酒、海信、长虹、雅戈尔等。

2. 狼文化

这类组织文化强调快速发展，强调狼性精神。在这类组织当中，"冒险""速度""创新""增长""危机意识""持之以恒""团队协作"等关键词经常出现，强调"胜者为王，败者为寇"的适者生存法则。

这类组织通常会为员工提供充满活力、激发创造力的工作环境。组织非常重视自己在行业中的领先地位，管理层通常具备比较强的冲劲。比较典型的狼文化代表组织有华为、格力电器、娃哈哈、李宁、比亚迪等。

3. 鹰文化

这类组织文化强调绩效为王、结果导向，强调目标意识。在这类组织当中，"市场份额""市场排名""业绩达成""目标实现"等关键词经常出现，强调实现目标、完成计划、取得业绩的市场意识。

这类组织通常会为员工提供充满竞争的环境，让员工保持对市场的敏感度，激发员工的竞争意识，这往往是这类组织能够在市场中一直占有一席之地的原因。比较典型的鹰文化代表组织有联想、伊利等。

4. 牛文化

这类组织文化强调遵守秩序、一步一个脚印，强调稳健发展。在这类组织当中，"标准""制度""流程""规则""成本""运营""服务"等关键词经常出现，强调稳定发展、稳步前进的大局意识。

这类组织通常会为员工提供相对稳定的工作环境，让员工严格遵守组织创造的某种秩序，通过保证运营的稳定性，保证比较稳定的产品质量或服务质量。比较典型的牛文化代表组织有海尔集团、苏宁易购、美的集团、汇源集团等。

6.1.3 文化落地：4 个层次助力落实

当新员工进入某组织后，组织文化通常不会立即对其产生作用。组织文化要落实到组织中的新员工身上，通常要经过 4 个层次，分别是知道、相信、行动和习惯。

1. 知道——入脑

组织文化落地的第 1 个层次，是员工知道组织文化的内容。

2. 相信——入心

组织文化落地的第 2 个层次，是员工相信组织文化，从心底认同和接受自己的组织文化。

例如，阿里巴巴集团在新员工入职后会举行组织文化的相关培训，让新员工理解阿里巴巴的组织文化。很多阿里巴巴的新员工在接受了入职培训后，认同和接受了阿里巴巴的组织文化。

3. 行动——入髓

组织文化落地的第 3 个层次，是员工在行为上以组织文化为导向，用组织文化的精神指导自己的行动。

例如，阿里巴巴集团的新员工在入职一年后，发现周围同事的行为方式大多符合组织文化，在经历过集团中的很多事件后，越来越认可组织文化，开始对自己的行为有所要求，按照符合组织文化的标准来规范自己的行为。

4. 习惯——合一

组织文化落地的第 4 个层次，是员工已经把组织文化的要求变成了一种行为习惯，会不自觉地做出符合组织文化要求的行为。

例如，阿里巴巴集团产品研发部门的员工在设计产品时，会自然考虑到商家和消费者不同的使用需求和应用习惯，设计商家版本和消费者版本。商家使用商家版本，能更好地完成消费者服务；消费者使用消费者版本，能拥有更优质的购物体验。

组织文化落地的 4 个层次如图 6-1 所示。

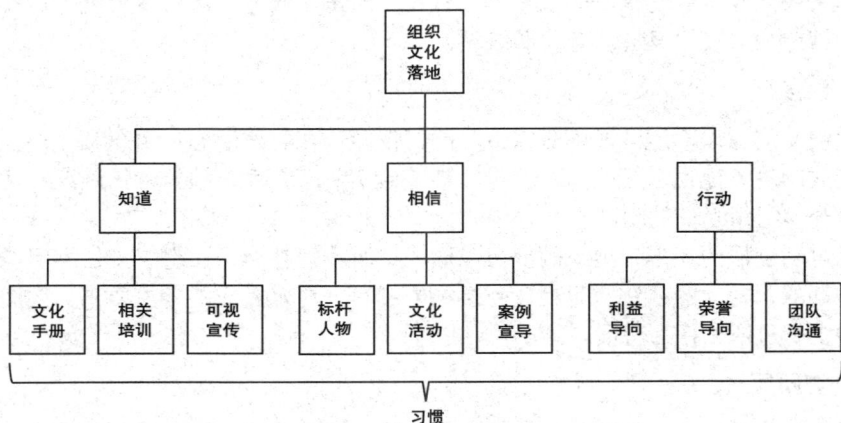

图 6-1 组织文化落地的 4 个层次

OD 要想让组织文化落实到每个员工身上，不仅要让组织文化被员工知道，还要让组织文化被员工相信，并最终形成习惯。

6.2 组织文化建设

不同的组织可以根据自己的风格选择适合的组织文化，建设、强化并且发扬这种组织文化。要建设组织文化，需要组织高层管理者亲自参与，提炼组织文化的核心，形成组织文化的相关制度，并通过各类活动落实组织文化。

6.2.1 建设维度：三大维度让文化层次分明

组织文化可以分成三大维度，分别是精神层、制度层和物质层。要想有效建设组织文化，可以从这三大维度入手。

1. 精神层

精神层的组织文化指的是组织领导者和大部分员工共同遵循的基本理念，如价值观、职业道德或精神风貌。这既是组织文化的灵魂，又是组织文化的核心。

组织文化在精神层的表现形式包括两部分：一是组织的愿景、使命、价值观、精神、信仰等核心理念，二是品牌理念、服务理念、产品理念、营销理念、质量理念、人才理念等运营理念。

例如，华特迪士尼公司的愿景是"成为全球的超级娱乐公司"，使命是"让世界快乐起来"；麦当劳的核心价值观是 QSCV（质量、服务、清洁、价值）；海尔集团的企业精神是"敬业报国，追求卓越"。

2. 制度层

组织文化建设不能只说不做，也不能仅仅停留在意识形态；组织文化不仅要做，还要变成制度（流程、规范）。这里的制度包括奖惩制度、绩效考核制度、任职资格制度等一切组织必备的制度。

通过制度层的建设，组织内部可以形成"游戏规则"，让组织文化不但能够变成一种长期的、稳定的存在，而且成为组织内所有人约定俗成的做事要求，久而久之成为一种组织风俗和行为习惯。

3. 物质层

组织文化在物质层的建设是让组织文化能够被看得见、摸得着，能够被员工更直观地感受到。它包括组织的产品、组织的绩效结果、组织的奖惩实施、组织的建筑、组织的广告、组织的标志等。

精神层、制度层和物质层之间的关系如图 6-2 所示。

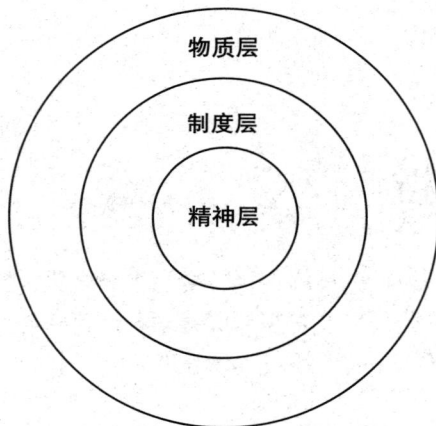

图 6-2　组织文化建设的三大维度

精神层是组织文化中最核心的一层，它说明了组织文化的核心价值导向及深层次内涵；制度层是从精神层延伸出来的，它承接精神层的内涵，是组织内部的游戏规则和制度；物质层是组织文化的最外层，它的表现形式非常多样，是组织文化的传播形象和外在表现。

6.2.2 建设步骤：3 个步骤让文化有效落地

要建设组织文化，可以分 3 步走。

1. 组织文化诊断与提炼

要做组织文化的诊断与提炼，OD 可以与组织中的高层管理者召开组织文化研讨会，建立一个组织文化推广小组。

组织文化推广小组最好由高层管理者亲自挂帅，总结组织文化的理念，把能够代表组织文化理念的事件、人物找出来，判断这些事件、人物与组织文化的匹配程度。

在找的过程中要注意诊断组织文化的问题，在讨论中修正当前的组织文化理念，让组织文化的精神层更精准、更凝练。

如果组织文化推广小组中的大部分人无法找出组织中具有代表性的事件或人物，说明组织文化并没有得到员工的广泛认同，或组织文化并没有深入人心；如果大部分人都能找到比较有代表性的事件或人物，而且相对比较集中的话，说明组织文化已经被广泛认同。

2. 组织文化设计与布局

在提炼出精神层的组织文化后，组织文化推广小组要对组织文化进行设计，不仅要把组织文化的理念变成能够落地的各项制度、流程、规则，还要将其总结成易于被传播的故事，形成组织文化手册，为组织文化的强化与传播做好事先的布局。

3. 组织文化强化与传播

要想让组织文化在组织中得到有效的强化与传播，组织文化推广小组需要制定一整套的组织文化推广策略。其中包括：如何对全体员工进行组织文化培训，如何让新员工快速理解组织文化，如何让组织文化在组织中持续传播，等等。

6.2.3 传播方法：7 种方法让组织文化深入人心

组织文化传播的方法非常多样，没有特定的形式，比较常见的组织文化传播方法有如下几种。

（1）高层管理者的榜样作用。在组织文化形成过程中，高层管理者的榜样作用有很大的影响。行胜于言，员工更多不是看怎么说的，而是看管理者（尤其是高层管理者）怎么做的。要想让员工真正接受并认同组织文化，最好的方法是组织从高层到基层管理者都在行为上落实，形成一种习惯。

（2）组织内部的各种会议，比如晨会、夕会、总结会等，可以用来宣讲组织文化和经营理念。

（3）组织内部所有的宣传活动文章都要落实组织文化。例如宣传栏内的公告、组织内部发行的刊物（组织文化大家谈、好人好事）、宣传网站、组织文化墙的播放器中持续播放的宣传片、组织内网或邮件末尾署名处的标语等都应体现组织文化。让有关组织的正向故事在组织内部总结和流传，以起到建设组织文化的作用。在组织的陈列室中，陈列一切与组织文化相关的物品。树立典型人物或典型部门，供组织内成员学习和发扬其精神。

（4）举办组织文化论坛，请高层管理者或优秀人物分享自身体会。

（5）在各种文体活动（比如唱歌比赛、跳舞比赛、体育比赛、晚会、演讲比赛、征文比赛等）中贯穿组织文化的价值观。

（6）开展互评活动。互评活动指员工对照组织文化当众评价同事的工作状态，也当众评价自己做得如何，并由同事评价自己做得如何的活动。互评活动有利于摆明矛盾，消除分歧，改正缺点，发扬优点，明辨是非，以达到工作状态的优化。

（7）运用各类标志统一形象。员工的工作牌、工作服、统一发的运动服，以及笔记本、纸杯、台历、包装袋等用品上的标志也可以宣传组织文化。同时形成组织文化手册，并和员工手册合并。

6.3 跨地区组织文化管理

随着组织规模的扩大和战略需要，组织可能需要在不同地区建立分支机构。这时候，组织会发现不同地区的分支机构会逐渐形成一种独特的组织文化。这种文化可能与原有的组织文化差异较大，例如有的分支机构开放活跃，有的分支机构严谨低调。

这种差异可能会导致组织的一些战略和思想很难上传下达到位，这让跨地区的组织文化管理成为比较大的难题。

6.3.1 环境因素：融入当地风土人情

跨地区组织文化的差异可能受一定地域文化和人员组成的影响，也可能受员工之前所接触的组织文化的影响。面对不同的地区，组织首先要充分考虑环境因素，包括人文环境因素和地理环境因素。

1. 人文环境因素

人文环境因素指的是人们在日常生活中长期积累形成的行为习惯，它主导着人们的价值观和行为。和组织文化比起来，人文环境因素对人的影响更深刻，而且具有更强的稳定性，比较难改变。

有时候，人文环境因素会成为人们的精神支柱，对人们有强大的影响力。如果组织在实施组织文化建设时不考虑人文环境因素的影响，或与之相悖，可能会引发与员工之间的文化冲突，有时甚至会引起严重的后果。

做组织文化管理时，如果能适应人文环境因素，将这种因素为组织所用，那么组织文化就能得到有效的实施。

2. 地理环境因素

地理环境因素指的是受地域影响的环境因素，这种因素在管理组织文化的过程中同样需要充分考虑。例如我国所有地区都以北京时间为准，不过新疆地区天亮的时间比较晚。

假如某组织强调早起，要求员工早上7:30打卡，如果对新疆地区的员工也提出同样要求，就相当于要求北京地区的员工早上5:30打卡。这就有些不合理，执行起来难度会比较大。

针对当地的风土人情，组织文化应该尽量与之适应，而不是与之相悖，这样才能融入当地文化，真正实现组织文化的有效落地执行。

6.3.2　精神文化：保证核心的一致性

既要考虑人文环境因素，又要考虑地理环境因素，为什么做跨地区的组织文化管理那么难呢？

实际上，跨地区的组织文化管理并不难。之所以觉得难，是因为不理解、不接受与自身不同的组织文化。有些组织甚至"眼里容不得一粒沙子"，分支机构在组织文化上稍有不同就难以接受。

要实现跨地区的组织文化管理，组织要注意保证跨地区的分支机构之间精神文化的高度统一。

组织的精神文化是组织的灵魂和指引，是组织的核心，是组织在长期经营发展过程中摸索和总结出来的思想精华，是组织上到高层管理者，下到基层员工都应当遵守的最高准则。如果不同分支机构同属于一个组织，精神文化却不统一，那将会形成"两层皮"。

所以，跨地区的各分支机构必须保证精神文化的高度统一。这就好比在一个四世同堂的大家庭中，"我们都是一家人"这个大前提不允许有任何的动摇。

在这个层面，组织要充分发挥策划和指导作用，总结精神文化，把它传播到每一个分支机构中。不过，要注意这个层面可以做得相对精练一些、宽泛一些，不用太过具体，也不要要求太多。

案例

2000年，美国的时代华纳兼并美国在线。按照很多投资机构事前的预期，这种"传统媒体＋新兴网络媒体"的模式应该是一场双赢的收购。可没想到的是，双方因为运营模式不一样、习惯不一样，在组织文化上出现了很大的冲突。

美国在线的员工说时代华纳的员工懒惰，做事被动；时代华纳的员工说美国在线的员工攻击性太强。这两大新旧媒体的员工始终相互指责、相互埋怨，甚至经常破口大骂。最后，双方不欢而散。这场并购，让股东价值损失 2000 亿美元。

时代华纳兼并美国在线失败，其中有组织文化融合失败的影响。实际上，这两家都是媒体公司，只是运营的方式方法不一样，领域不一样，各自站的角度不一样，所以才产生了相互之间的不理解。

但这两家公司的大方向是一致的，要不然也不会出现这场并购。既然大方向一致，如果时代华纳可以提炼出总的精神文化，比如"服务好广大传媒用户"，只要美国在线的员工秉持这一精神文化不动摇，那么这两家公司组织文化的融合很可能会比之前容易许多。

6.3.3 行为文化：实现行动的兼容性

组织应当允许跨地区分支机构行为文化的丰富多彩。行为文化最终体现在员工的行为活动上，它是组织文化的一种表现形式。实际上，只要与组织的精神文化保持一致，不违背组织的核心价值观，行为文化就可以丰富多彩。

这就好比在一个家庭中，哥哥喜欢古典音乐，弟弟喜欢下象棋，姐姐喜欢跳舞，妹妹偏好诗词歌赋，爸爸妈妈带着全家一起玩的时候，可以允许孩子们有不同的娱乐方式，不需要太过关注表面上爱好的不同，只要认同彼此是一家人，拥有共同的精神文化，有共同的目标就可以。

案例

1995 年，IBM 公司以 35 亿美元的价格收购了一家软件公司——路特斯。这家公司的组织文化和 IBM 公司的组织文化差距很大。路特斯的文化和产品一样，没有拘束，灵活多样。这家公司的员工上班时可以穿休闲服；而 IBM 公司的员工有统一的制服，每天上班必须穿整套制服，不穿或穿错都会受到相应的惩罚。

因为路特斯规模不大，制度并不完善；而 IBM 公司当时已经是"庞然大物"，公司内几乎所有事情都有明确的制度和规范。这两种截然不同的组织文化如果碰撞，很可能出问题。IBM 公司的做法是，保留路特斯一定的独立性，不把 IBM 公司的制度和文化强加给路特斯。

在后来的 3 年中，路特斯的员工人数增长了一倍，业绩也连年增长。被收购之前，路特斯的员工年化流失率是 11%；收购发生之后，员工年化流失率反而降到了 6%。路特斯没有因为被收购而越来越萎缩，反而乘坐着 IBM 公司这艘大船，不断发展壮大。

跨地区分支机构的文化存在差异，也存在相互学习和借鉴的可能性，如果跨地区分支机构能抱着相互学习的态度来完成组织文化的融合，实现优势互补，就能让组织文化实现良性发展。

案例

2002 年，惠普公司和康柏公司合并。当时，这两家公司的个人计算机（Personal Computer，PC）业务都排在世界前 5，因此这是该领域有史以来最大的一场合并。

按理说，这两家公司合并可能会出现比较大的文化冲突。因为惠普公司比较老派，而康柏公司比较新潮；惠普公司的产品强调稳重，康柏公司的产品强调创新。这样截然不同的两个团队在一起工作，会像时代华纳和美国在线这两家公司一样，天天"打架"吗？

答案是，这两家公司吸收了彼此文化中优秀的部分，通过把值得学习和发扬的文化相结合，形成了新的组织文化。结果，这两家公司合并之后，第 2 年的业绩就超出了华尔街分析师最乐观的预期。

疑难问题
如何考核组织文化工作

很多人有这样的疑问：组织文化工作应该如何考核呢？

组织文化工作绝不只是某一个人的工作，而是一个管理系统的一系列工作。就算是组织的一把手，一言一行直接影响着组织文化的走向，他也不敢说凭自己的几项工作布置或开几次会，就能把组织文化工作做好。组织文化工作需要持续的引导、时间的积累和不断的经营。

所以，对组织文化工作的考核，从岗位的角度来说，不应该只是对某一个岗位实施考核，对组织文化有影响的不同岗位都应该实施考核；从工作的角度来说，不应该只对一两项工作实施考核，而应该对整个组织文化推广行为计划实施考核，或者说应该对一系列工作实施考核。

如果有组织试图年底通过某一个岗位的某几个指标来评判有没有高效完成组织文化工作，那既是不科学的，也是不严谨的。这种考核方式不仅不能考核组织文化工作的质量，甚至不能提供考核岗位工作质量的依据。

绩效考核的指标可以分为结果类指标和过程类指标。从考核方式上，这两类指标分别对应着对过程的持续监控和对结果的评估。对组织文化工作的考核在这两方面同样重要，因为组织文化工作的实施质量是很难量化的。

虽然组织文化的实施结果大多通过主观上的打分或评价来判断，但过程中所做的工作却是实实在在的。当然，只注重过程也不可以，因为组织想要看到的是好的结果。所以，结果和过程这两部分的权重可以四六开，或者五五开。

组织文化工作的考核事项具体包括如下内容。

1. 制度建设

制度建设是组织文化建设的前提，也是让组织文化有据可依的重要保障。组织文化相关制度文件的完善不仅和组织文化管理人员有关，而且和组织一把手息息相关，因为组织文化制度建设的过程中无处不体现着组织一把手的意识。只有获得组织一把手的支持和参与，制度才能有效出台和推行。

2. 学习培训

组织文化是什么？员工应该怎么做？什么样的行为是符合组织文化的行为？什么样的行为是不符合组织文化的行为？这些都要通过培训传达给全体员工。

学习培训同样不仅仅是组织文化管理人员的工作，组织一把手、各部门负责人在这方面都有具体的职责和工作。

3. 行为素质

明确什么样的行为是组织提倡的行为，什么样的行为是组织绝对不容许的行为之后，接下来就是对员工日常行为与组织文化相符程度的评估。这可以通过日常绩效考核的评价、员工奖罚的记录、对员工日常行为的观察和抽查来进行。

在行为素质层面，需要组织一把手、各部门负责人、组织文化管理人员和各级员工四方的参与。也就是说，这其实是一项考核全员的工作。

4. 文化宣传及其他

这部分主要涉及组织文化管理人员的工作职责和具体的考核内容，例如组织内部宣传标语的建设、组织内部宣传媒体中关于组织文化相关内容的建设、组织文化主题活动等。

组织文化工作的考核方向如表 6-1 所示。

表 6-1　组织文化工作的考核方向

人员 / 参考指标	制度建设	学习培训	行为素质	文化宣传及其他
组织一把手	√	√	√	
各部门负责人		√	√	
组织文化管理人员	√	√	√	√
各级员工			√	
参考指标方向	制度完善程度 制度出台时间	培训次数 培训人次 培训效果	行为记录 奖罚记录	工作完成度
参考指标类型	定性指标 结果类指标	定量指标 过程类指标	定性指标 过程类指标	定量 + 定性指标 过程类 + 结果类指标

实战案例
IBM 公司的高绩效文化

打造百年企业，必须要有过硬的组织文化。在世界上所有存续超过百年的公司当中，IBM 公司随着组织的发展与时代的变化，对组织文化的调整堪称经典。

IBM 公司曾经"三起两落"。每次崛起除了依靠战略调整、战术运用的成功之外，还要靠核心队伍的信念、价值观等精神层面的支撑，其中最集中的体现就是组织文化。

IBM 公司在 1911 年创立于美国，鼎盛时期全球的雇员人数超过 40 万人，业务遍及 160 多个国家和地区。

这么多的人员数量，这么大的地域跨度，按理说 IBM 公司推行绩效管理应该非常困难。事实上，刚开始的时候确实如此。IBM 公司曾遭遇过至少 3 次大的经营管理失败，内部管理一度十分混乱。

后来，关于经营管理的"思想统一"问题，IBM 公司是付诸组织文化来实现的。直到今天，IBM 的战略布局与商业运营还是值得所有组织学习的典范。

作为百年企业，IBM 公司经历过许多 CEO 和管理团队。IBM 公司的创始人老沃森最早把组织文化定义为"尊重个人"。第二任 CEO 小沃森曾经在《一个企业与它的信仰》一书中对 IBM 公司的组织文化做了详细描述，把努力工作，良好的工作环境，公平、诚实、尊重，无可挑剔的顾客服务以及工作是为了更好地生活这些个人的理念总结成著名的"尊重个人、服务至上、追求完美"的 IBM 组织文化 3 原则。

这 3 条原则被当时各大媒体和商业经典案例引用和学习。然而随着 IBM 公司的发展，这 3 条原则却渐渐成了 IBM 公司的精神枷锁。原因当然不是这 3 条原则本身不对，而是随着时间的推移，它们逐渐在理解和执行中变了味儿。

1. 原本的"尊重个人"变成了员工的"为所欲为"

员工逐渐可以不承担责任，对于不愿意或不接受的安排，员工可以大胆说不。员工不执行公司的制度时，甚至也会搬出这条原则来当挡箭牌。"为所欲为"的结果是没有作为、各自为政、争权夺利。

2. 原本的"服务至上"变成了员工的"自我意识"

在那个时代，IBM 公司对市场有绝对的领导权，对购买产品的顾客，IBM 公司有详细的服务流程，但对非顾客群体（潜在顾客）以及顾客的个性化需求，当时的 IBM 公司是没有服务可言的。所以这条原则本质上演变成了公司流程重要、顾客次要。

3. 原本的"追求完美"变成了员工的"固执己见"

追求完美原本指为了追求高质量的产品而需要进行反复论证、精雕细琢，但后来却成了组织内部行动迟缓、怠于执行的挡箭牌。组织内部等级制度森严，流程烦琐复杂，官僚化现象严重，员工普遍打着追求完美的名义不愿意改变。

　　郭士纳曾经在《谁说大象不能跳舞》中说："新领导人要解决的难题恐怕得从战略和文化层面上推动改革入手。"在接任总裁后，为了改善当时IBM公司的经营问题，郭士纳逐渐把IBM公司的组织文化与绩效管理联系在一起，他提出"高绩效文化"的组织文化理念。

　　高绩效文化强调员工"力争取胜、快速执行和团队精神"。IBM公司鼓励员工追求卓越，期望激发员工的潜能，以取得高绩效。在IBM公司，一谈起绩效，人们经常说的一句话是："让业绩说话。"直到今天，这句话也经常被很多公司引用。

　　那么，IBM公司的高绩效文化是怎么落实的呢？

　　为了贯彻这种高绩效文化，IBM公司的绩效管理体系是以一种被称为"个人业务承诺"（Personal Business Commitments，PBC）的项目为中心来开展和运作的。PBC由"工作成功的结果""工作成功的过程"和"整个团队达成的目标"3个部分组成。

　　IBM公司的PBC可以分成3个具体层面。

1. 对结果的承诺（Result）

　　IBM公司鼓励员工赢得市场中的领先地位，强调达成销售目标和保持市场占有率。每个员工在做绩效承诺时必须要保持赢的心态，发挥团队的优势，把能够通过个人的努力和团队的协作兑现的结果层面的承诺列清楚。

2. 对执行的承诺（Execute）

　　IBM公司永远强调执行。只有承诺、目标和计划是远远不够的，更重要的是坚决地执行。对计划执行的过程反映了员工的能力和素质水平，是员工自我管理和自我挑战的过程。通过执行的过程，IBM公司的业务流程也得到了进一步的强化。

3. 对团队合作的承诺（Team）

　　团队合作让IBM公司内部能够相互沟通、共同进步，一起完成工作中的任务目标。IBM公司矩阵式的组织管理模式就是为了更好地完成项目任务和团队协作而提出的。通过项目，多个部门的人才资源被整合到同一个项目中，这样能够充分发挥人力资源的优势，充分利用资源。在项目中遇到困难，成员之间也可以相互帮助。有时候为了克服某个困难，成员甚至可以在全世界范围内寻找专家，征求意见。

　　后来，随着市场环境的发展变化以及出于公司内部管理的需要，IBM公司的PBC发生了变化，出现了新的PBC。新的PBC把对结果的承诺（Result）、对执行的承诺（Execute）、对团队合作的承诺（Team）改成了对业务目标的承诺（Business Goals）、对员工管理目标的承诺（Management Goals，针对管理者的目标）和对个人发展目标的承诺（Development Goals）。

1. 对业务目标的承诺（Business Goals）

　　对业务目标的承诺指的是符合公司战略和部门策略的各类目标，一般指的是关键绩效指标和关键工作任务。业务目标可以通过将公司的战略目标层层分解获得，数量一般是5~10个。

2. 对员工管理目标的承诺（Management Goals）

对员工管理目标的承诺是只针对管理者设计的目标，它是用来要求管理者有效管理团队，并帮助下属员工脱颖而出的目标。设置员工管理目标的目的是强化团队建设，促进员工成长。员工管理目标的数量一般是 2~4 个。

3. 对个人发展目标的承诺（Development Goals）

对个人发展目标的承诺主要指的是员工实现个人职业发展计划和能力发展计划的目标，它是帮助员工实现业务目标或管理目标的一种方式，是引导员工不断提升个人能力素质的一种方法。个人发展目标的数量一般是 2~4 个。

通过 PBC，IBM 公司的高绩效文化直接落实到了绩效管理的层面。IBM 公司的绩效管理又影响着高绩效文化。组织文化和绩效管理相互支持，相互推动。在这种背景之下，高绩效的期望最终得以在 IBM 公司变成现实。

☑ 实战案例
阿里巴巴集团的组织文化

阿里巴巴集团有 6 个价值观，它们对于集团经营业务、招揽人才、考核员工以及决定员工报酬起着重要作用。这 6 个价值观如下。

1. 客户第一，员工第二，股东第三

这既是阿里巴巴集团的选择，也是阿里巴巴集团排出的优先级。只有持续为客户创造价值，员工才能成长，股东才能获得长远利益。

2. 因为信任，所以简单

世界上最宝贵的是信任，最脆弱的也是信任。阿里巴巴集团成长的历史是建立信任、珍惜信任的历史。你复杂，世界便复杂；你简单，世界也简单。阿里人互相信任，没那么多顾虑猜忌，问题解决起来就很简单，也很高效。

3. 唯一不变的是变化

无论你变不变化，世界在变，客户在变，竞争环境在变。阿里人要心怀敬畏和谦卑，避免"看不见、看不起、看不懂、追不上"。改变自己，创造变化，乐于拥抱变化是阿里人最独特的"基因"。

4. 今天最好的表现是明天最低的要求

阿里巴巴集团在最困难的时候，正因有这样的精神，才渡过难关，存活了下来。逆境中，阿里人懂得自我激励；顺境中，阿里人敢于设定具有超越性的目标。面向未来，不进则退，阿里人敢想敢拼，敢于自我挑战，自我超越。

5. 此时此刻，非我莫属

这是阿里巴巴集团的第一个招聘广告，也是阿里巴巴集团内部的第一句"土话"，体现了阿里人强烈的使命感和"舍我其谁"的担当。

6. 认真生活，快乐工作

工作只是一阵子，生活才是一辈子。工作属于你，而你属于生活，属于家人。像享受生活一样快乐工作，像对待工作一样认真地生活。只有认真对待生活，生活才会公平地对待你。我们每个人都有自己的工作和生活态度，阿里巴巴集团尊重每个阿里人的选择。

除了价值观之外，阿里巴巴集团还有5个独有的组织文化。

1. 武侠文化

武侠文化是阿里巴巴集团的特色，是一个有很强趣味性的组织文化。这个组织文化从2003年开始出现，每一个阿里人都有一个武侠世界中的"花名"，在阿里巴巴集团内部，同事之间相互称呼花名。

阿里巴巴集团的武侠文化使阿里人相信，只要勤练"武功"、爱学习，就有可能成功。很多人离开了阿里巴巴集团后，见了面都不记得对方的真名，却记得"花名"。阿里巴巴集团的武侠文化，烙印在每一个当前以及曾经在阿里巴巴集团工作的阿里人心中。

2. 太极拳文化

阿里巴巴集团中有太极拳文化。潜移默化地，很多原本对太极拳并不了解的阿里人也变得喜欢打太极拳。

太极拳实际上体现了一种理念，每个人因为知识结构、生活经验、悟性的不同，对太极拳的理解也不一样。

3. 趣味文化

很多阿里人说，在阿里巴巴集团工作虽然很自豪，却也是一件比较辛苦的事。正因如此，阿里巴巴集团会为员工打造有趣的工作氛围，举办各类活动。而在团队聚会中，主管也会通过讲笑话、表演节目等方式弱化集团内部的职级／职等，创造让员工能放松下来的时刻。

例如兴趣派。阿里巴巴集团的兴趣派是按照个人兴趣，自发组织成立、自主管理的兴趣团体，是集团内部的独立社群，能帮助阿里人在工作之余发展兴趣爱好。为什么叫"兴趣派"呢？因为阿里巴巴集团把兴趣爱好看成武侠世界中的帮派。

兴趣派有助于跨团队的沟通交流，让每一位员工都能以兴趣为纽带实现非官方的聚合，在共同热爱的活动中寻求与同事之间的共鸣，在彼此的友爱互动中找到快乐，在积极向上的社群中迸发青春的活力。

阿里巴巴集团最早在2005年3月成立了10个兴趣派，叫"阿里十派"（10个兴趣社团）。如今随着集团的发展和员工人数的增加，阿里巴巴集团内部已经有超过

40个兴趣派，包括吉他派、摄影派、篮球派、瑜伽派、旅行派、剑道派、咏春派、书法派、精舞门等。这些兴趣派每年都会组织各类活动，以营造阿里巴巴集团内部友爱、团结的氛围，点燃员工激情，增强每一个阿里人的归属感和团队感。

受阿里巴巴集团总部的影响，集团旗下的不同公司也基于各自的业务特点，根据不同的员工群体，打造属于自己的趣味文化，举办一些能够打造趣味文化的活动。所以在阿里巴巴集团，不同的公司、不同的业务会发展出不同的趣味文化。

4. 倒立文化

阿里巴巴集团有一种说法：倒立着看世界，这个世界会变得很不一样。阿里巴巴集团面对外部环境的各种变化，敢于倒立，善于从另一个维度去思考问题。对于任何一个组织来说，这都是一种重要的品质。

阿里巴巴集团在做新员工入职培训时，会进行倒立培训。倒立培训不仅是新员工培训的必修课，也是新员工必须完成的测试。开展倒立培训的关键不在于新员工能倒立多久，而在于让新员工体会阿里巴巴集团的文化，并在实际行动中传承这种文化。

5. 创新文化

创新是阿里巴巴集团的灵魂，创新在阿里巴巴集团内部是被提及最多的关键词之一，阿里巴巴集团也想了很多方法促进内部创新。

例如"赛马"项目，就是每个人都可以在一个平台上把自己的想法晒出来，然后让评委评定。如果评委认为某个项目值得做，集团就会投入资源。

阿里巴巴集团的创新不仅体现在业务方面，其在组织发展和人才晋升方面也有一些创新的做法。例如"自主晋升"项目，员工想要晋升，不一定需要上级提名，而是可以自己给自己提名。

第7章
OD 典型实战案例解析

实务工作中，不同组织的 OD 常常会遇到各种可预料或不可预料的问题。本章主要介绍 4 个比较典型的案例及相关问题，期望通过对案例的解析和对方法的总结，给 OD 启发，帮助 OD 更好地应对实际工作。

7.1　案例：业务单元 OD 的定位

很多集团公司或业务多元化的组织会给业务单元分别设置 OD 岗位，这些身处业务单元内部的 OD，既要接受业务单元负责人的管理，又要接受集团总部人力资源部的管理，很容易出现定位模糊、重心偏离、行动变形等问题。

7.1.1　案例内容：过分维护事业部权益

张三被安排到集团新成立的一个事业部担任 OD，为了表示自己和事业部一条心，让事业部的同事们接纳自己，张三总是竭力维护事业部的利益。为此，张三在跟别的部门沟通时，软的不行就来硬的，硬的不行就靠磨的。

1. 维护犯错的同事

张三所在事业部的员工 A、B、C 和另一个部门的员工一起开发一个产品。因为 A、B、C 的工作失误，产品出现了问题，造成了比较大的损失和不良影响。为此，项目经理找到张三投诉这件事。

张三希望能把大事化小，小事化了，和项目经理解释说毕竟这个事业部是新成立的，工作上需要磨合，项目经理应当谅解，给 A、B、C 一些缓冲的时间和犯错的机会。

项目经理很生气，说这与事业部是不是新成立和工作的磨合程度没有关系，只要按照工作要求多检查，问题是完全可以避免的。A、B、C 都是老员工，不可能不知道工作要求，这是工作态度和流程有问题。如果不按照集团规定处理，难以服众。

张三和项目经理闹到了集团总部。最后集团总部分管产品的副总出面调停，要求必须按照公司规定处理。

2. 维护违规的同事

有一次，张三所在事业部的经理 D 因为招聘事宜和集团总部的 HR 起了冲突。知道这件事之后，张三不分青红皂白马上护着 D，跟集团总部的 HR 沟通，反复协调。集团总部的 HR 拗不过张三，就没有再追究。

事情过去后，张三才跟 D 了解情况，这才知道是 D 违反集团规定在先。而且张三在和 D 沟通的过程中，明显感觉到 D 不在乎集团规定，也没有表露出任何要反思和悔改的意思。

后来，D 要招聘一个岗位主管，在面试过很多人后，D 看中了一个候选人。然而张三在核实这个候选人的背景时，发现在学信网上查不到这个人的学历信息。同时，这个候选人没有表示出期望入职的明确意愿。张三不建议录用这个人。

可D一意孤行，说这个人有事业部不具备的资源和能力，期望能让其快速入职开展工作。张三没有坚持维护集团规定，给这个人办理了入职手续。结果这个人入职半个月后就提出离职，事业部又要开启新一轮招募工作，浪费了大量时间。

3. 违规淘汰员工

事业部的另一个经理E想要强制淘汰自己的一个下属。但关于员工淘汰，集团规定要严格按照《中华人民共和国劳动法》来实施。张三在调取了员工的档案信息后，发现这个员工近两年没有任何的违规违纪记录。

如果这个员工真有问题，应该会有违规违纪记录。如果没有违规违纪记录，就是没有管理痕迹，没有违规违纪证据，因此直接将员工淘汰是说不过去的。

张三劝E先不要淘汰这个员工，但E不听张三劝阻，硬要淘汰这个员工。后来这个员工申请劳动仲裁，集团全额赔偿了员工的损失。

张三为了让自己融入事业部，一直在努力维护事业部。然而，经过上面的一系列事件，张三虽然在事业部中树立了"威望"，但集团总部的几位高层管理者却对他心存芥蒂。张三的工作显然是失败的。

7.1.2 分析思考：先做 HR，再做 OD

很多身处分公司或事业部的OD都有受双重管理的困扰。一方面，这些OD要受分公司或事业部负责人的管理；另一方面，还要受集团总部人力资源部的管理。这就让这类OD有种"夹在中间"的感觉，可能会陷入"两头为难"的局面。

有这类问题的OD往往是因为没有做好身份定位，搞错了自己的身份。实际上，要做好OD，首先要做好HR。在事业部内任职的OD首先是维护集团总部整体利益的HR，其次才是业务单元的OD。

有人觉得这是因为OD不懂"平衡的艺术"。这样理解有一定道理，但并不确切。平衡的艺术更多体现在日常工作的沟通中，而不是当集团总部规定与事业部意愿不匹配时，拿来"搅浑水"的借口。

集团总部的规定是整个集团都要严格执行和落地的最高指令。如果事业部对集团总部的规定有异议，可以通过沟通建议集团总部修改规定，或者考虑针对事业部设计特殊的规定，而不是直接无视集团总部的规定。

1. OD 到底该维护谁的权益

OD首先应该维护整个集团的权益，其次才是维护自己所在事业部的权益。

身处事业部的OD，为了在事业部顺利开展工作，捍卫事业部的权益无可厚非，但要注意，OD还肩负着整个集团人力资源管理的使命。从绩效指标的角度来看，业务部门业务发展相关的指标虽然与OD相关，但对OD来说，更重要的指标是与集团人才和文化相关的指标。

2. 事务部的 OD 应如何融入事业部

事业部的 OD 要融入事业部，不应该靠放纵事业部员工来换取人心，而应该事先充分了解事业部的工作，学习业务，懂业务，用业务语言与事业部员工沟通，从促进业务发展的角度帮助事业部解决组织和人才方面的问题。

3. 事务部的 OD 应如何落实集团总部的规定

对于集团总部的规定，OD 要强化事业部的学习和宣导，试着把这些规定拆解成事业部员工能够理解的语言，用事业部比较容易接受的方式开展工作。为落实对集团总部规定的学习，OD 可以通过考试来强化认知，并及时解答事业部员工的疑问。

在执行集团总部规定的过程中，OD 要注意做好对异常问题的统计和分析，定期和事业部相关人员沟通，了解大家的疑问和存在的盲点。对于特殊情况，可以向集团总部汇报，说明原因，请集团总部特批。如果特殊情况较多，则可以与集团总部一起分析评估有没有修改规定的必要。

总之，事业部的 OD 应站在事业部的角度思考问题，但这并不代表要维护事业部的一切。无视集团总部的规定，只会让事业部与集团总部之间的矛盾冲突越来越多，造成管理混乱，反而会阻碍业务推进。

在集团总部的规定与事业部的意愿之间，OD 应当扮演调和人的角色，通过沟通让事业部理解、认同、执行集团总部的规定。OD 要在维护整个集团人力资源管理的大框架下开展与事业部的沟通协作。

7.1.3　延伸方法：共识体系的沟通网络

有的事业部 OD 认为自己夹在集团总部和事业部之间，是由于"共识错位"。所谓共识错位，就是因为沟通不畅、信息不对称，集团内部无法达成共识，从而产生不理解、不接受、不协同、不执行等问题。

如何解决共识错位的问题呢？

比较好的方法是通过沟通减少信息不对称的情况，让信息在组织中充分互通。OD 可以作为沟通的发起人和协调人，引导组织内部的沟通。

要实现组织内部的有效沟通，可以用沟通视窗工具，也叫约哈里窗（Johari Window）。这个工具最初是由约瑟夫（Joseph）和哈里（Harry）在 20 世纪 50 年代提出来的。沟通视窗把人际沟通的信息比作一扇窗户，这扇窗户分为 4 个区域，如图 7-1 所示。

	自己知道	自己不知道
别人知道	开放区	盲区
别人不知道	隐私区	黑洞区

图 7-1　沟通视窗

1. 开放区

开放区内是自己知道，别人也知道的信息，例如姓名、性别、年龄、职业等。开放区越大，与别人的沟通越顺畅，别人对自己越信任，团队内部工作的配合度越高。所以团队中所有成员之间要多交流，充分交换信息，不断扩大每个人的开放区。

2. 盲区

盲区内是自己不知道，但别人知道的信息，例如性格弱点、不好的习惯、别人的评价等。说得多，问得少，盲区就会变大。团队之间要想有效沟通，拉近彼此的距离，可以多询问对方关于自己的信息，缩小认知盲区，改变不好的行为习惯。

3. 隐私区

隐私区内是自己知道，但别人不知道的信息，例如某些不想让别人知道的经历、秘密、心愿等。要想扩大开放区，就要以开放的心态和别人交流，缩小自己的隐私区。当隐私区越来越小的时候，开放区将会越来越大。

4. 黑洞区

黑洞区内是自己不知道，别人也不知道的信息，例如某种潜能、隐藏的疾病等。通过开放的沟通，主动询问别人和自我发现，人们能够不断了解自己。一段时间之后，黑洞区会越来越小。

面对不熟的人，人们的沟通视窗通常不会随便打开，所以在团队沟通中，有的人不愿意暴露自己的隐私区。要想别人向自己敞开沟通视窗，自己就要多和别人沟通，先对别人开放自己的隐私区，多倾听别人的话，多观察别人的情况，多和别人聊一些生活细节，体现出对别人的关心。

在组织中，团队成员也可以参考沟通视窗的原理，创造充分沟通的氛围。如果组织中的每个人都刻意扩大自己的开放区，缩小自己的隐私区，组织内部的信息透明度会越来越高，沟通会变得越来越顺畅。

信息交换不充分必然带来组织内部的沟通问题，产生不必要的管理内耗。很多OD在组织中左右为难，处在"夹缝"中，正是因为组织中存在异常的沟通状态，要彻底改变这种情况，就要重塑组织的沟通状态，让沟通变得顺畅。

7.2 案例：OD 不理解业务单元的行动

OD 要辅助业务部门负责人开展工作，可有时候，因为 OD 和业务部门负责人之间沟通不畅，业务部门负责人的一些行为 OD 也许难以理解，这造成 OD 采取与业务部门负责人不一致的行为，从而使双方产生矛盾，导致 OD 难以开展工作。

7.2.1 案例内容：与组织高层管理者立场相悖

某集团公司的 A 分公司业务发展迅猛，正值快速扩张期。集团公司很重视 A 分公司的业务，为 A 分公司配备了众多精兵良将。其中，之前在集团公司人力资源部工作表现良好的李四被安排担任 A 分公司的 OD，与分公司总经理合作开展工作。

但是李四和分公司总经理之间沟通比较少，一直没有形成工作上的默契。分公司业务虽然扩张势头较好，但因为竞争激烈，总经理经常和业务人员一起处在销售和产品推广的一线，而李四则大多数时间待在办公室，对业务的了解仅仅是通过每周的会议。

通过会议，李四了解到当前的业务竞争异常激烈，竞争对手为了争取客户甚至会采取一些不正当竞争手段，例如偷偷撕毁 A 分公司的宣传海报，损毁物料。有一次，A 分公司的产品推广人员发现竞争对手的产品推广人员在搞破坏，和对方产生了肢体冲突。

在某季度的产品推广人员动员会上，总经理为了提振士气，鼓励产品推广人员要"血拼到底"。总经理的讲话让全体产品推广人员的情绪高涨，但李四觉得总经理这么说话有些不妥，似乎是在鼓励大家和竞争对手发生冲突。

总经理讲话结束后，也请李四上台讲话。李四没有事先做准备，有些不知所措，下意识地说："大家要冷静，对方不理智，我们不能不理智。我们要回到商业本质，用优质的产品和服务去打败对手，而不是去'厮杀'……"

没等李四说完，总经理马上打断说："李四可能是在办公室里待太久了，大家别听他的，按我说的做就行。"然后把李四赶下了台。李四感到自己很屈辱，动了离职的念头。

晚上，李四忍住怒气，心平气和地给总经理发微信说这件事。总经理立即给李四回了电话，把李四约到一家茶室。两人在茶室畅快地聊了起来，过程中彼此都承认了自己做得不好的地方，于是二人冰释前嫌。后来，两人又对未来工作如何配合做了深入沟通，双方都对各自的工作有了比较深入的理解，也都愿意改变自己的一些工作方式。

从此，两人建立起很深的信任和协作关系，经常针对团队事务做前瞻性讨论和布局，包括如何提拔某人，如何调整组织机构以合理安排人力资源，如何承接和分解业绩目标，如何调整人员编制，等等。

7.2.2 分析思考：胸怀有时是被误会撑大的

在上述案例中，李四和 A 分公司总经理都有做得不好的地方。

李四缺少与 A 分公司总经理的沟通，不了解业务，质疑和误会总经理的讲话内容，而且在公开场合和总经理"唱反调"；A 分公司总经理在公开场合的讲话中用词不当，而且把李四赶下台时没有考虑到李四的自尊心。

但李四毕竟是下属，在沟通的主动性和艺术上都应更注意。相比之下，李四的问题更大。好在李四没有让情绪支配自己的行动，A分公司总经理也是比较开明的管理者，两人在意识到自身的问题后，都能通过及时沟通来化解矛盾。

从这个案例中，我们能得到OD开展工作的3点启示。

1. 沟通

OD一定要做好充分沟通，沟通的内容一方面包括了解业务部门在做什么，另一方面包括让业务部门了解自己在做什么。当OD不理解业务部门的行为时，首先要尝试去沟通，不要在没搞清楚状况的情况下轻易发表意见。

2. 业务

OD一定要多了解业务，要深入业务部门，设身处地为业务部门着想，要从业务部门的视角看待问题和思考问题。如果OD只是了解业务上的皮毛，只做表面文章，很难得到业务部门的认可。

3. 服务

OD是为组织服务的，在组织中属于幕后角色，组织高层管理者和业务部门员工才是幕前角色。OD要做好对幕前角色的支持和服务，帮助组织高层管理者和业务部门员工更高效地开展工作。

当然，李四也不是没有值得肯定的地方。李四发现问题后敢于指出问题、直面问题，其行为的出发点是为了组织好，而且李四能让自己不被负面情绪左右，主动与A分公司总经理沟通，这也正是A分公司总经理后续愿意与李四深入沟通的原因。

作为OD，当发现自己被别人误会，没有得到别人的理解时，不要着急，首先要控制住自己的负面情绪，避免争吵，冷静分析，勇于沟通，找到问题症结后有针对性地解决问题。

7.2.3 延伸方法：从视角同频到思考同步

很多时候，OD看组织的视角和组织高层管理者的视角是存在差异的。因为这种差异，很多OD在工作中跟不上组织高层管理者的思维。要弥补OD和组织高层管理者之间的视角错位与思考维度错位，可以从3个维度努力。

1. 站在组织高层管理者身边，帮助其解决问题

组织和家庭一样，组织高层管理者就好像父母，员工就像是家庭中的孩子。组织高层管理者偏爱什么，重视或不重视什么，精力放在哪里，与员工的态度、素质、能力、水平、表现等直接相关。

在组织高层管理者人力资源管理理念比较淡薄的组织中，或者在人力资源管理和战略衔接程度比较低的组织中，OD应该站在组织高层管理者身边，和组织高层管理者一起解决问题，哪怕那些问题可能不在OD的职责范围内。

2. 站在组织高层管理者的角度，给组织的人力资源管理做定位

OD 对组织中人力资源管理工作的定位要和组织高层管理者一致，不能想当然地做事。

曾经有家咨询机构为笔者所在的组织做岗位分析，整个项目做了一个月，结果出来后，组织高层管理者回来说要做组织机构调整，组织的内部管理模式和流程要变化。组织机构一变，整个岗位体系都变了，这一个月的工作就白做了。

当时笔者所在的组织处在快速发展期，频率比较高的变化是正常的，其实在这种时期不适合做特别精细的岗位分析。但这家咨询机构并不真正了解笔者所在组织的情况，也不了解组织高层管理者的想法，所以对工作的定位把握不准确，结果就成了做无用功。

3. 贴近业务，想办法让组织高层管理者感受到人力资源管理的价值

OD 要多接触业务部门了解学习业务知识，多支持这类部门的工作，多问部门负责人一些业务上的问题，把组织的经营模式、产品定位、业务流程、目标顾客群等搞明白，把组织发展遇到的瓶颈、问题、关键点、需要提高的方向都搞清楚。

人力资源管理能给组织创造价值，这一点 OD 要体现出来，并让组织高层管理者感受到。

在组织里领导最关心哪一类人？通常是技术人员。

为什么？因为技术人员能给组织带来业绩、创造价值，这类岗位创造的价值比较直观。OD 除了做好本职工作外，也要想办法用数据来表达自己，用业绩来标榜自己，用价值来证明自己。

7.3 案例：先懂业务，后创造价值

很多组织高层管理者抱怨 OD 不懂业务，不能助力自己促进业务发展，不能保障业务运行。OD 从属于人力资源部，实务中如果不是主动为之，的确很难直接接触业务部门，这样 OD 既可能不懂业务逻辑，又可能不掌握业务变化。如果不能从业务角度为业务部门提供支持，业务部门将难以理解 OD。

7.3.1 案例内容：从不懂业务到精通业务

王五通过猎头介绍进入某大型互联网公司的分公司从事 OD 工作。入职一个月后，分公司总经理发了一封电子邮件给总部分管人力资源工作的副总，并抄送给了王五。

电子邮件中盘点了王五入职以来的工作成绩，说到王五的不足时，特别强调其最大的问题是既不懂业务，也不愿意主动了解业务。跟业务部门疏远，可能会影响王五

将来的工作，分公司总经理建议王五在接下来的工作中多了解业务，和业务部门走得近一些。

于是，王五每天通过行业知名的自媒体平台和线上课程学习业务知识。为了强化学习效果，王五后来还写一些业务类文章投稿到行业知名自媒体平台。一开始，王五写的文章不足以被转载，但因为王五既有人力资源管理知识背景，同时又了解业务，能够从"人力资源＋业务"的视角来看待业务逻辑，写的文章比单纯的技术类文章更有见解，所以后来王五的文章越来越受欢迎，得到很多知名自媒体的转载。

在互联网公司，产品部门和研发部门之间总会有些说不清、道不明的矛盾。产品部门需要考虑增加收入，总是想尽一切办法调整产品来实现收入增加。研发部门则要考虑产品开发的成本、排期、工作量、实现方法等，对产品的任何调整都不是一件简单的事。因此，两个部门的负责人常常吵架。

王五根据自己对业务的理解，认为可以在组织机构中增设项目经理岗位，这样既可以统筹产品部门和研发部门，又可以掌控产品研发项目的节奏和进度。王五这样想并不是空穴来风，很多业务类似的互联网公司都设有项目经理岗位。

考虑到人力成本，分公司总经理一开始并不认可王五的想法。于是，王五从业务逻辑的角度向分公司总经理做了一次详细汇报，认为虽然增设了岗位，但工作效率提升创造的价值大于成本的投入，并提议先做小范围的测试，如果觉得不适合可以再调整。

分公司总经理听取了王五的建议，决定先在一个项目上设置项目经理岗位，没想到项目进展得很顺利，研发部门和产品部门的协同问题得以解决，之前比较消耗时间的业务追踪工作也被项目经理承担起来，工作效率大大提高。分公司总经理很满意，开始在全公司增设项目经理岗位。

后来分公司有个新业务项目，新上任的项目经理设计了一套独特的运营方式，声称不仅能降低成本，而且可以增加用户数量。分公司总经理一开始很满意，准备投入资源让这个项目经理大显身手。可王五看出了其中的问题，并在会议上提出，及时为公司止损。

分公司总经理对王五深谙业务，及时发现问题，敢于提出问题，为公司减少损失的做法表示了认可。不久后，分公司总经理便给王五升职加薪。

7.3.2　分析思考：从业务中来到业务中去

不懂业务的 OD 在工作中寸步难行。所谓懂业务，不是浮于表面地知道业务是做什么的，而是要深入了解业务的底层逻辑，做到与业务部门人员感同身受。OD 有人力资源管理的知识基础，如果还懂业务，对业务的理解可能比业务部门更深入。

从上述案例中，OD 可以得到以下 3 点启示。

1. 相信专业

面对组织的业务难题，OD 不要被组织机构束缚，不要被岗位名称束缚，不要被经验束缚，要用心理解和感受业务的难点和需求，找到最适合组织的解决方案，而不是最容易被接受的解决方案。OD要相信自己，运用自己的专业知识，帮助业务部门做好业务。

2. 敢于沟通

在组织中，不同人的沟通侧重点有所不同，OD应区别对待。OD在向上沟通时要有胆量，该出手时就出手，该沟通时就沟通；OD在平行沟通时要发自肺腑，大家诉求不同，沟通的落脚点就不同；OD在向下沟通时要体会员工的处境，理解员工的诉求。

3. 业务对话

一上岗就谈要改变组织机构的OD，一般之前都没有真正做过OD。懂业务，是OD和业务部门博弈的最低条件。如果不懂业务，OD的意见将变得无足轻重。OD要用业务语言和业务部门对话，通过自身对业务的理解去"征服"业务部门。

OD要从业务中来，到业务中去。每个人的知识或经验都有局限性，业务部门很多时候只是站在业务的角度去看问题，不一定能看到全局，也不一定知道外部的情况。当把业务与人力资源管理融合后，OD就可以做到影响业务，甚至管理业务。

7.3.3　延伸方法：OD如何洞悉业务变化

一般情况下，组织的业务总是不断发展变化的，尤其是一些发展比较迅速的组织。OD毕竟不是业务部门的人，即使熟悉业务，业务部门在正常开展工作或开会时也不会随时想着让OD参与。所以很多时候，OD难以及时掌握业务的变化，可能业务已经发生重大变化了，OD却仍不知道。

那么，OD应如何洞悉业务变化呢？

OD要洞悉业务变化，可以做好以下3点。

1. 主动一起用餐

OD虽然平时不能和业务部门一起工作，但可以和业务部门人员一起用餐。每天的早餐、午餐或晚餐，都是OD与业务部门人员一起聊天的机会。

一起用餐的形式有很多种，从相对非正式的吃外卖、茶歇，到相对正式的宴会、年会、庆功会等，OD都可以主动与业务部门人员坐在一起。

OD和业务部门人员一起用餐，不仅能够增进与业务部门人员间的感情，而且可以了解业务发展的现状，明确业务需求，让自己的工作与业务息息相关。

与业务部门人员一起用餐时要注意有所准备，明确自己想知道的信息，找好话题，充分利用好用餐的时间，以免出现只是闷头吃饭却很少交流的情况。

2. 主动参与活动

除了可以和业务部门人员一起用餐外，OD还可以多参与业务部门组织的活动，甚至主动帮助业务部门组织活动。

OD可以参与的业务部门的活动分为相对非正式的活动和相对正式的活动。相对非正式的活动包括生日聚会、运动健身、旅游踏青等，相对正式的活动包括拓展、比赛、培训等。

刚开始的时候，业务部门可能不希望 OD 参与本部门组织的活动，这时候 OD 要注意循序渐进。为了让业务部门接受自己参与活动，OD 可以尝试与业务部门人员培养共同爱好。

需要注意的是，如果是业务部门内部比较私密的活动，OD 最好不要强行参与。

3. 主动参与会议

参与业务部门的会议也是 OD 了解业务变化的好方式，例如业务部门的例会、经营研讨会、协调会、经验交流会、产品发布会、新闻发布会等。随着 OD 对业务理解程度的加深，OD 出席或参与业务部门的会议将能够提供更多价值。

刚开始的时候，OD 也许只能做会议的旁听者，随着对业务的了解加深，也许可以正式出席会议。在对业务不熟悉时，OD 也许只能参与一些日常会议；随着越来越熟悉业务，OD 也可以参与一些重大会议。

也许不是每次会议业务部门都允许 OD 参与，在这种情况下，OD 可以先参与自己能参与的会议；也许 OD 参与会议时不是每个环节都听得懂，但正因为如此，才更需要参与会议并进行学习。

另外需要注意，OD 参与业务部门的会议主要是为了让自己更了解业务，既不是为了参与而参与，也不是每次会议都需要参与，要有所选择。会上，OD 应尽量减少发言；如果发言，则要言之有物。

7.4 案例：工作中的沟通和相处方式

正常情况下，OD 和组织高层管理者之间属于协作关系。长久稳定的协作需要正确的沟通和相处方式。但因背景不同，二者在一些问题上可能产生分歧。此时如果处理不当，很可能让两人产生矛盾，影响整个组织的工作。

7.4.1 案例内容：与组织高层管理者意见相左

赵六有 15 年人力资源管理工作经验，其间做了 5 年 OD，且一直待在同一个行业。赵六工作得顺风顺水，为了做好 OD 学了不少业务知识，算半个"业务通"。一直以来，他都与业务部门相处和谐，受到了业务部门的一致好评。

因为工作调动，赵六调到了新的分公司，与分公司总经理徐总搭档。徐总实战经验丰富，曾有过辉煌业绩，性格直爽。

相处一段时间后，赵六发现自己和徐总在性格、三观、工作习惯和思维方式等方面都不一样，经常对很多问题有不同的看法。

有一次，徐总期望对某个业务做出调整，把想法告诉了赵六。赵六认为徐总的想法虽然不违背公司规定，但有悖于公司倡导的文化宗旨。另一方面，根据自己对业务的理解和以往的经验，赵六认为徐总的决策"劳民伤财"，不会收获好结果，于是表达了反对意见。

没想到徐总当下就与赵六翻脸，两人吵了起来。徐总认为赵六就是个半吊子，根本不懂业务，同时认为自己的想法没问题，不仅准备一意孤行，而且将来也不打算让赵六再接触业务上的事。赵六当下拗不过徐总，两人不欢而散。

后来因为两人多次存在分歧，赵六在工作开展上处处受阻。赵六本来想向总部报告，但想到这不仅不能解决问题，而且可能会让自己未来的工作更难开展，还可能会被总部认为自己没有能力和业务部门相处，最后便作罢了。

有一次，公司有个业务线要调整解散，出现了员工集体投诉的突发事件。赵六当仁不让地站出来和徐总共同应对。基于清晰的目标和良好的沟通，两人通力配合，很快就把这个问题解决了。

这件事过后，赵六找到徐总做了一次深入沟通。

赵六说："也许我们之前在很多问题上存在分歧，但只要总目标是一致的，都是为了分公司更好地发展，就算有分歧，我们也可以在共同目标的指导下把事情做成。就像这次处理员工集体投诉事件，我们的合作不是非常好吗？"

徐总说："你说得对，以后我们出现意见分歧，澄清目标，把目标说清楚，就知道该怎么做了。我其实很认可你，你有你的长处，我也有我的长处，以后咱俩把力量聚到一起，共同实现目标！"

从此之后，赵六和徐总虽然在一些问题上依然存在分歧，但很少再争吵，在遇到问题后都能够冷静沟通，达成某种观点和行动上的共识。

7.4.2　分析思考：外部矛盾打破内部矛盾

内耗是很多组织工作效率低的主要原因。有时候问题不可怕，可怕的是组织内部意见不统一、行动不一致、暗自较劲，彼此不是在共同解决问题，而是在争谁对谁错。争到最后，不仅当前问题得不到解决，还可能产生更大的问题。

从上述案例中，OD可以得到3点工作上的启示。

1. 矛盾是普遍存在的

马克思主义哲学阐明了矛盾的普遍性，揭示了矛盾无处不在、无时不有，其存在于一切事物中，贯穿事物发展的始终。组织中也是如此，组织的矛盾是普遍存在的。组织是由人组成的，组织中人与人之间的矛盾也是无所不在的。

2. 利用外部矛盾，打破内部矛盾

矛盾虽然无处不在，但也有大有小、有主有次。

对于组织来说，竞争对手、客户、社会责任，这些都是组织面临的外部问题（外部矛盾），OD在日常工作中可以引导组织内部成员更关注这些问题，而不是总把关注点放在其他内部成员身上。

3. 强调目标一致，缓解内部矛盾

共同的目标有助于缓解内部矛盾。当目标一致时，大家更多地把关注点放在目标上，就算彼此有意见不一致的情况，注意力也会很快回到目标上。

OD一定要善于不断澄清目标。组织成员在工作中很容易陷入纷争，忘记了目标是什么。也许双方的出发点都是好的，都希望把事情做好，但合作时却因为一些小差异越看对方越不顺眼，最后把目标抛到九霄云外，只剩下无止境的纷争。

内部矛盾是引起内耗的主要原因，要解决内耗问题，比较好的方式是通过强调目标的一致性，缓解内部矛盾。

7.4.3 延伸方法：共同目标缓解内部矛盾

共同的目标有助于缓解内部矛盾，那么如何有效设定目标呢？

要设定目标，应该遵循目标设定的原则——SMART原则，即目标应该是具体的（Specific）、可以衡量的（Measurable）、可以达到的（Attainable）、具备相关性的（Relevant）、有明确截止期限的（Time-bound）。

SMART原则最早是由管理大师彼得·F.德鲁克（Peter F. Drucker）在1954年提出的。德鲁克被称为现代管理学之父，他在目标管理方面的方法论深深地影响着当代组织的经营发展。

1. 具体的

具体的（Specific）指的是目标要是特定的、明确的，不能是笼统的。

案例

某公司把年终目标定为销售收入，但"销售收入"这4个字其实是不明确的。

销售收入有含税收入和不含税收入之分，也有营业性收入和非营业性收入之分。

销售收入的确认方式也可能存在异议，是严格按照财务准则进行确认，还是按照销售合同的金额进行确认，又或者是按照发出产品所取得的收入进行确认？

销售收入的确认期限也要明确，年度销售收入究竟指的是从某年1月1日0点之后到该年12月31日24点之前确认收款的收入，还是公司特有的财务年度？

如果不明确以上疑问，那这个目标就是存在问题的。

2. 可以衡量的

可以衡量的（Measurable）指目标要是可以细化为以事实为依据的或可以量化的，同时验证目标是否达成的数据或信息是可以获得的。

案例

　　某公司总经理助理岗位同时肩负着一些公共关系维护的职责。因为这些职责非常重要，为了能够评价这些职责的履行质量，总经理希望给该岗位制定与职责相关的目标。

　　这时候，如果不加处理地直接设定目标，那么这个目标就是不可衡量的，因为它不是以某个事实为依据的，不能够被量化。如果要围绕这些职责设定目标，则必须进行进一步的关键事件分解或关键流程聚焦。

3. 可以达到的

　　可以达到的（Attainable）指的是在人们付出努力后能够被实现的，也可以理解为不要设定过高或过低的目标。

案例

　　某公司所在的行业一直比较稳定，近几年发展也比较平缓。该公司前 5 年的年均销售收入增长率稳定在 8% 左右，且差异不大。为推动公司快速发展，董事会聘请了一位职业经理人，并期望把公司的销售收入增长率目标定为 30%。

　　如果公司的经营管理没发生较大变化，市场也没发生较大变化，那么这个目标就设定得过高了，结果可能拔苗助长，不利于公司的长远健康发展。而且，这位职业经理人在努力后还是达不成目标，这可能会使其积极性受挫。

4. 具备相关性的

　　具备相关性的（Relevant）指的是目标要对实现愿景或战略有所帮助，同时一个组织内的多个目标间要具有一定的相关性。

案例

　　某公司人力资源部为实现战略，制定了相应的人力资源规划。为了保证规划实施，人力资源部制定的目标包含了组织员工读书会的次数、组织员工活动的次数等。

　　这些目标虽然对员工的成长和员工关系构建有所帮助，但是与人力资源部目标和公司战略目标的相关性并不强。

5. 有明确截止期限的

　　有明确截止期限的（Time-bound）指的是有时间限制，就是目标的实现要有一定期限。

案例

　　某公司销售部门中的某销售岗位员工为了承接部门年度销售任务目标，给自己岗位制定的目标是发展 30 名新客户。

　　可是发展的新客户并不能马上成交，如果实现年终目标要求新客户应实际发生交易，那么发展 30 名新客户的目标就应该在某个时间节点之前完成。否则，该员工很可能无法帮助部门目标的实现。

设计目标后，检验目标是否达成可以运用目标检验表，如表 7-1 所示。

表 7-1　目标检验表

原则	序号	对应问题	判断
具体的（Specific）	1	目标是否有确定的表达？	□是 □否
	2	目标是否导向清晰的行动？	□是 □否
	3	目标是否表达出了明确的边界？	□是 □否
可以衡量的（Measurable）	4	目标是否是客观的？	□是 □否
	5	目标是否以事实为依据？	□是 □否
	6	验证信息是否能被有效获取？	□是 □否
可以达到的（Attainable）	7	目标是否具有挑战性？	□是 □否
	8	目标是否现实，且有可能达成？	□是 □否
	9	目标是否考虑了当下所有情况？	□是 □否
具备相关性的（Relevant）	10	目标是否有足够的价值或意义？	□是 □否
	11	达成目标需要的资源是否能够被获取或应用？	□是 □否
	12	目标相关的行动是否对达成目标有所帮助？	□是 □否
有明确截止期限的（Time-bound）	13	目标的时间限制是否足够明确？	□是 □否
	14	目标所用时间是否为当前能达到的最短时间？	□是 □否

设计组织目标时，要注意如下事项。

（1）目标要以某种结果为导向。

（2）所有目标都要具备可操作性。

（3）要兼顾财务目标和非财务目标。

（4）目标的设定要面向未来，要有一定的前瞻性。

（5）目标不是一成不变的，要定期修改更新。